体育科研方法

杨秀芹　主编
杨振崴　王　健　张冰海　副主编

北京体育大学出版社

策划编辑 梁 林
责任编辑 木 凡
责任校对 冬 梅
版式设计 博文宏图

图书在版编目（CIP）数据

体育科研方法/杨秀芹主编．-北京：北京体育大学出版社，2008.3（2021.8重印）
ISBN 978-7-81100-883-8

Ⅰ．体… Ⅱ．杨… Ⅲ．体育-科学研究-研究方法 Ⅳ．G80-3

中国版本图书馆CIP数据核字（2007）第205161号

体育科研方法　　杨秀芹 主编

出版发行：北京体育大学出版社
地　　址：北京市海淀区农大南路1号院2号楼2层办公B-212
邮　　编：100084
网　　址：http：//cbs.bsu.edu.cn
发 行 部：010-62989320
邮 购 部：北京体育大学出版社读者服务部010-62989432
印　　刷：北京昌联印刷有限公司
开　　本：710mm×1000mm　1/16
成品尺寸：240mm×170mm
印　　张：13
字　　数：240千字
版　　次：2008年3月第1版　2017年1月第2版
印　　次：2021年8月第3次印刷
定　　价：30.00元

总　　序

吕德忠

面对现代社会科学技术的飞速发展，社会对体育装备的要求越来越高，而体育装备研发人才的贫乏显得更为突出。随着我国第一个体育装备工程专业在我校的诞生，填补了我国培养体育装备研发专门人才的空白。而建设反映时代特征、符合专业需要的教材体系，不仅符合社会的需求，同时也是高校体育学科建设、体育课程建设的重要任务。

按照普通高校《体育学》一级学科层面所涵盖的专业，《沈阳工业大学体育教育系列教材》属于公共类普修教材，基于这一原则，结合专业实际，我们组织编写了12部教材，首批出版9部。包括：《体育经济学》《高校奥林匹克运动与文化》《现代体育运动项目概述》《体育产业经营与管理》《体育健身原理与方法》《体育科研方法》《体育美学》《体育器材概论》《大学实用体育教程——足球》。此次出版的教材本着知识性与普及性相结合、选择性与实效性相结合、科学性与可接受性相结合的原则进行编写，主要面向体育装备工程专业学生，同时兼顾了普通本科生对体育学科知识的需求，填补了体育装备工程专业体育理论教材的空白。

《沈阳工业大学体育教育系列教材》经过两年多的编写、试用与修改，于2007年9月正式定稿。为了确保编写质量与科学性和前瞻性，我们制定了教材编写指导思想：重视基础知识——根据专业特点精选教材内容，注重体育基础知识在整体结构中所占的比重；渗透前沿知识——将近年来与教材内容相关的、得到公认的前沿知识、前沿技术选择性地进行吸收和补充，体现教材的时代特征；注重人文知识——本着以人为本的原则，将构建和谐社会的人文知识贯穿到教材中；精益求精——各本教材主编严把质量关，做到精益求精，创作一流作品，为培养合格的体育装备研发人才提供理论支持。

此套教材在编写过程中得到了校领导、教务处、学科学位建设处、科技处、机械学院等相关部门领导的大力支持与帮助；得到了北京体育大学出版社的大力支持与帮助；参考和引用了大量专家、学者的教材、文章和成果资料，在此一并致谢！

由于《沈阳工业大学体育教育系列教材》编写团队组成人员较多，编写经验和水平有限，书中有不妥之处，敬请广大读者和同仁批评指正。

2007年10月

编者的话

当今世界，科学技术突飞猛进，给人类社会带来了广泛而深刻的影响。联合国在“世界科学的报告”中指出“科学永远是财富之源”。在我们迈入21世纪之际，每个人都能感受到现代科学技术给人们日常生活带来的巨大变化。“21世纪，科技创新将进一步成为经济和社会发展的主导力量。”

随着现代社会知识经济的出现和科学技术的迅猛发展，科学技术对体育运动的介入程度日益加深，体育运动的实践和发展越来越依赖于现代科学技术在体育运动中的渗透、运用以及它的科学化水平。加快体育科学技术进步是历史赋予体育工作者的使命，面对新技术革命带来的挑战、面对国际体育运动的激烈竞争、面对我国社会经济发展所带来的不断增强国民体质的需求，积极推进体育科技进步，不断提高体育的科技含量成为近年来我国体育事业发展的基本战略之一。体育事业的发展必须依靠科学技术越来越成为我国体育界的基本共识，体育运动的科学化已成为我国体育运动发展的必然选择和趋势。

本教材在编写中力求体现以下特点。

一、力求体现新知识、新观念。全面地总结和广泛吸收国内外体育科研方法更新、扩展的新成果，在总结前人成就的基础上，有重点地介绍国内外体育科研理论与方法的最新成果，力求体现教材的先进性、新颖性和科学性，体现体育科研方法的前沿信息。

二、追求系统性。为了完整揭示体育科研方法概论的学科体系，力求从系统、动态的角度准确认识和把握体育科研方法各层次、要素、结构、功能、整体和局部的关系，在编写体系结构上按体育科研工作的实际进程系统化地撰写内容，以有利于学生系统学习和掌握体育科研方法的基本规律。

三、突出实用性。我们总结了以往教材编写的成功经验，尽可能克服以往的一些弊端，突出教材的实用性。本教材构思严谨、文字流畅、事例经典、通俗易懂，力求将体育科研实例与理论阐述有机结合起来，做到难易适度，具有层次性。

四、具有可操作性。本教材的每一章都有学习指导和思考题，并注意主次分明、详略得当、作业适量。做到既重视理论学习，又注重科研实践能力培养；既有利于教师授课，又有利于学生自学。注意针对性和可操作性，以体现大学生教育和终身学习的教育理念。

本书在编写过程中，参考和引用了有关的著作和研究成果，在此，向原作者表示敬意！本书的出版得到了领导和体育部同志们的关心和支持，这里一并致谢！

由于作者水平有限，书中不足，请有关专家和读者指出，以便在再版中进行修正。

2007 年 10 月

目录
Contents

第一章 体育科学研究概述

第一节 体育科研的意义与任务

当今世界，科学技术突飞猛进，给人类社会带来了广泛而深刻的影响。在我们迈入21世纪之际，每个人都能感受到现代科学技术给人们日常生活带来的巨大变化。早在100多年前，马克思就以其深邃的洞察力将科学技术视为生产力，称之为是历史的有力杠杆，是最高意义上的革命；邓小平同志在20世纪80年代末又进一步提出“科学技术是第一生产力”的著名论断，这都已为现代科技发展的大量事实所证明。

江泽民同志曾指出：“即将过去的20世纪，是科学技术空前辉煌和科学理性充分发展的世纪。相对论、量子论、信息论和基因论的形成，标志着科学技术沿着微观和宏观这两个相反的路径，不断走向极端和本原、走向复杂和综合。正是基于物质科学、生命科学和思维科学等的突破性进展，人类创造了超过以往任何一个时代的科学成就和物质财富，为世界文明进步的新飞跃奠定了坚实的基础。”“21世纪，科技创新将进一步成为经济和社会发展的主导力量。”

1994年，联合国在“世界科学的报告”中指出：“科学永远是财富之源，今天穷国与富国的差距就是掌握知识多少的差距。如果没有科学技术的转让，就无法持久地发展。”报告还指出，未来农业的发展5/6要依靠科技进步；未来工业的发展，70%~80%要依靠科技进步。近20年来，由于计算机技术的飞速发展，信息产业的生产力提高了100万倍，美国每年计算机完成的工作量可代替4000亿人的劳动，相当于美国全部人口一年工作量的2000倍。

一、科学研究的性质与特点

（一）科学研究的性质

1. 科学研究是人类特有的活动方式。科学研究是人类认识、改造客观世界的一种活动。科学研究包括知识生产和知识应用两个相互促进、相辅相成的过程。科学研究通常分为基础研究、应用研究和发展研究，三者都交织着实践和理论的复杂认识过程。人类正是通过这种特殊的生活方式，产生新思想，形成新理论，创立新学科，使知识形成严密的体系。所以我们也可以把科学研究过程看作是知识的生产过程，把科学看作是“知识工业”。在“知识工业”系统中，科学技术工作者是科学劳动者，科学研究设备是科学劳动工具，客观世界是科学劳动的对象，科学技术知识是科学劳动的产品。

2. 科学研究是人类社会实践的基本形式之一。随着社会的进步，科学研究这种社会实践形式，对人的认识起着越来越重要的作用。在科学知识十分丰富的今天，不对客观事物进行深入的科学研究，就不可能产生新的认识。科学研究对人们的深刻作用，还在于科学研究的每一重大发现及其所产生的新认识，都具有历史性。人类认识的每一发展水平，总是与当时所达到的生产水平和科学技术水平相联系的。19 世纪科学研究的一系列重大发现，冲破了形而上学的理论体系，向人们展现了客观世界的辩证性，从而为辩证唯物主义创立提供了科学依据。现代科学研究的深化，对辩证唯物主义的发展，同样起着巨大的推动作用。

随着社会的进步、科学技术水平的提高，科学研究这种实践形式对整个社会的发展也产生越来越巨大的推动力。

（二）科学研究的特点

1. 科学研究的探索性和艰巨性。古希腊哲学家亚里士多德说：“求知是人类的本性。”俄国化学家门捷列夫认为：“生活便是寻求新知识。”人类求知的形式、内容和方法，最集中地体现在科学研究过程中。科学研究就其性质来说，是一种探索性活动，是揭示未知的过程。而这种揭示未知的探索过程又是十分艰巨的。例如，我国卓越的气象学家竺可桢为了探索百花为什么总是按着一定的次序开放，百鸟为什么按着一定的次序鸣叫，他走遍了祖国各地，随身携带照相机、罗盘、气温表和高度表四件宝，几十年如一日地观察记录不同海拔高度作物生长情况、不同季节花鸟活动情况，为我国物候学的发展作出了重要贡献。美国科学家富兰克林（1706—1790），在雷电交加的暴风雨中进行高空引雷实验，被雷击倒在地几乎致死。但这一实验的成功，使他揭开了雷电之谜。

科学研究的无数事实证明：没有探索，就没有发现。要想获得成功，必须经过艰苦的努力，哪怕是向前推进了小小的一步，也要付出艰苦的劳动。人类为了探求物质的结构竟花了两千多年的时间，走过了漫长而曲折的道路，直到 19 世纪，才对组成万物的粒子——原子有了一定的认识。美国发明大王爱迪生一生中有 1328 项发明，然而仅在寻找合适的灯丝问题上，先后用过 1600 多种材料进行试验才获成功。他在几十年时间里每天工作十几小时，若用平常人一生的活动时间计算，他的生命成倍地增长。宋代史学家司马光，历时 19 年编撰《资治通鉴》。相传司马光着手写作之后，就用圆木做了一个枕头，取名“警枕”。头枕在这一块圆木上，进入梦乡后，只要稍稍一动，就会被警醒，他就立刻起床，握笔写书。可见，没有艰巨的劳动，很难获得探索性的成功。

2. 科学研究的创造性与继承性。科学研究是一种探索性活动。探索是为了创造，而创造必须继承。

科学研究的价值在于创造。人类在科学研究的过程中，总是从不知到知，从知之不多，到知之较多。透过现象揭示本质，在纷繁的变化中寻找规律，从而获得新知识，作出新解释，形成新理论，开创新领域。创造性成分越大，其研究的价值也就越大。任何人任何课题的研究都企求有所创造、有所前进、有所突破，获得前人没有得到或者没有完全得到的成果，解决前人没有解决或者没有完全解决的难题，进入没有征服或没有完全征服的领域。

16 世纪哥白尼（1473—1543）的《天体运行论》动摇了天界是神圣的，而地球是不完善的宗教迷信，推翻了长期统治人们头脑的托勒玫世界体系。“哥白尼的这个伟大成就，不仅铺平了通向近代天文学的道路，而且也帮助人们在宇宙观上引起了决定性的变革。”（《爱因斯坦全集》第一卷第604 页）它标志着“从此自然科学便开始从神学中解放出来”。（恩格斯：《自然辩证法》第 8 页）我国明代李时珍，力经 27 年，完成宏篇巨著《本草纲目》，全书 190 万字，记载药物 1892 种，药方 11096 则。这部著作是我国 16 世纪医学知识的系统总结，极大丰富了我国医药知识宝库。相继译成多种文字，被誉为“东方医学巨作”，对世界医药、生物等学科的发展产生了深远影响。

科学研究的生命在于创造，但任何创造都离不开对前人成果的继承。马克思指出：“一切发现，一切发明，这种劳动部分的以今人的协作为条件，部分的又以对前人劳动的利用为条件。"（《马克思恩格斯全集》第25卷第120页）德国科学家伦琴（1845—1923）在研究克鲁克斯管中所发生的现象的过程中，偶然发现了X射线，因而第一个获得了诺贝尔物理学奖。这种能够自由穿透各种物体的神秘射线，引起了科学家们的浓厚兴趣。法国科学家亨利·贝克勒尔（1852—1908）等人经过实验，否定了庞加来的猜想，并发现了与X射线不同的铀射线。而居里夫人为了探索铀的性质，又导致了钋和镭两种放射线元素的发现。她为此获得了诺贝尔物理学奖。科学发现就是在这样承前启后的研究活动中不断前进的。有人把"哥德巴赫猜想"研究形容为一场"接力赛"。1956年做出了3+4，1957年进行到2+3。著名老数学家苏步青认为，要突破1+2，取得1+1，就要把世界上80多种方法做到融会贯通。可见没有继承，就不可能有创造。正如邓小平同志所说："任何一项科学成果，都不可能是一个人努力的结果，都是吸收了前人和今人的研究成果。没有前人或今人、中国人或外国人的实践经验，怎么能概括、提出新的理论呢?"（《邓小平文选》第55页）

科学研究的继承并不是盲目的兼收并蓄，而是批判地继承，弃其糟粕，取其精华，创造新知。在科学研究中，对前人的学时见解应持认真分析的态度，注意不同学派不同观点之间的相互促进和相互借鉴。

3. 科学研究的复杂性和严密性。科学研究要认识的是未知领域，攻克的是必然王国。然而未知领域、必然王国却是十分复杂的，具有不确定性。科研工作者对纷繁复杂的研究对象，如何才能揭示其客观规律，认识其本质，不能不说是一项复杂的工作。因此，从课题的确立到研究计划的实施，每个环节、每个手段都是要经过深思熟虑，精心设计，细致操作，不可马虎从事。科学研究的严密性表现在以下几点。

（1）一丝不苟。作为研究对象的客观事物，是非常复杂的，没有一丝不苟的精神，马虎从事 ，粗心大意，是很难有所成就的。德国化学家本生（1811—1899）有一次把一张滤纸放在太阳下暴晒，这张滤纸上有铍的沉淀物。就在他即将转身离去的时候，一只苍蝇突然飞到滤纸上，贪婪地吸吮那点带有甜味的铍的沉淀物。本生和几个学生好不容易将这只苍蝇捉住，把它放在坩锅里焚化后，提取被苍蝇吸走了的沉淀物，计1.01毫克。本生将这个重量加入滤纸沉淀物的总数中，从而得出化学元素铍的精确原子量。

（2）设计严密。任何一项研究成果都是通过一定的方法和步骤得来的。如果设计得合理、周密、科学，便可以用比较经济的人力、物力和时间获得丰富可靠的资料。反之，如果设计存在着缺点，不仅会造成浪费，而且会减损研究成果的价值。

1958 年，医学科学家 J·D·达为了研究两种抗组织胺药物在人体中是否有相加作用，采用了 9×9 的拉丁方设计方法，仅做了 81 次反应测定，花了 1100 个工作小时，就完成了全部工作。如果按一般设计，将要做 640 个反应测定，需要耗费 8500 个工作小时。苏格兰解剖学家、外科医生亨特（John Hunter）在自己身上做了一个实验，用以研究淋病和梅毒菌，结果是他同时染上了这两种疾病，以致在相当长的一段时间里，人们错误地以为淋病和梅毒菌是同一种疾病的表现。可见严密的科研设计是何等重要！它不仅反映了科学研究的特点，也是科学研究所必须遵守的原则。

（3）仪器精密。现代科学技术的发展，为科学研究提供了越来越多的科研仪器。如激光器、遥感仪、微波装置、电子显微镜、电子计算机、人造卫星等等。科学仪器的利用，有效地克服了人的感觉器官的局限性。1917 年制造的望远镜测定距离为 80 万光年，而现代射电天文望远镜，则使人类的视野扩展到 150 亿光年。科学仪器还可以改进人的认识能力，使人的认识更准确、精细。人的感知往往是比较粗糙的，而且容易受到主观因素的影响，而借助仪器可以获得更加精细的定量知识。随着科学研究的深入发展，对仪器的要求也越来越高，科学研究仪器的精密程度已成为衡量科研水平的一个重要标志。

（4）逻辑严谨。思维的逻辑混乱会导致研究行动的混乱。所以，科学研究既要严格适应研究对象的客观规律，又要符合认识过程的逻辑严谨性。科学研究如果没有二者的高度统一，就不可能有所前进，就不能形成科学理论。严谨的逻辑思维不仅是科学研究严密性这一基本特点的要求和表现，而且也是揭示客观规律的主要工具和方法。古希腊哲学家亚里士多德的“物体从高空下落的快慢和物体的重量成正比”的错误论断，统治了物理学达 1800 年。后来，伽利略发现这一理论在逻辑上的矛盾，并运用逻辑推理的方法首先在理论上推翻了亚里士多德的错误论断，建立了“物体下落的速度与重量无关”的科学假说。1589 年，伽利略在著名的比萨斜塔上做了落体试验，验证了他的假说。所以，爱因斯坦认为，科学家应是“严谨的逻辑推理者”。

我国著名科学家钱学森指出：“科学是严肃的、严密的，是不允许马虎的，所以科学技术工作必须首先有良好的科学工作习惯，要有条理。”科学工作者了解掌握科学研究的基本特点，对减少甚至避免科学活动中的失误，提高科学效率，扩大科学成果和推动科研工作的进展，都是十分重要的。

4. 高度的意识性和组织性。科学研究是以研究课题为中心而发展的，是有目的、有计划、有程序的实践活动。一般的活动不能说没有目的、没有计划，但不像科学研究那么集中、明确而严格。只有当人们在一般的实践和认识基础上，有意识地选定某一对象作为研究课题，并且有组织地运用科学方法开展科研实践时，才真正进入了一个科学研究过程。

1786 年，意大利生理学家伽伐尼（1737—1789）在解剖青蛙大腿肌肉和神经的过程中，偶然发现晾在阳台上用铜钩子挂住的青蛙腿碰到铁栏杆时，突然跳动一下。这个意外的现象引起了他的注意。他联想电鳗发生电击的情况，猜想蛙腿的肌肉和神经产生了电。高度的意识性，促使他反复实验和研究，开辟了整个电生理学研究的道路。

高度的组织性是科学研究得以顺利进行并获得成功的保证。美国阿波罗登月计划的实施，组织了 2 万多家工厂和公司，120 所大学，动用了 42 万人，共有 700 多万个零件，耗资 300 多亿美元。对这么一个内容庞大、规模巨大、成本昂贵的科研生产项目，没有严密的组织很难想象会达到预定目标。

二、体育科研的对象、学科特征、意义与任务

（一）研究对象

科学学是研究科学与科学活动的发展规律及其社会影响的一门综合性学科。它考察科学在社会中的地位与功能，把握和运用科技发展规律，分析科学研究的体系结构等，为主管部门制定科技政策提供咨询，并为科学研究的组织与管理提供最佳的理论和方法。

体育科学学的研究对象是体育科学的整体，既包括体育科学的知识体系、学科体系，又包括体育科研活动及社会体制。体育科学学是把体育科学作为一个科学知识体系进行整体的、全面的、系统的研究的科学。体育科学学要突破体育科学过去形成的、以生物科学理论和方法为主研究体育运动的模式，把体育人文与社会科学类学科和竞技运动类学科也纳入体育科学体系之中。体育科学学既要研究体育自然科学类学科，也要研究体育人文社会科学类学科，还要研究运动竞技类学科，对三者进行统一的、综合的、整体的研究。

体育科学学研究的主要内容是：体育科学研究的对象；体育科学的学科性质及其在科学体系中的地位；体育科学的特征；体育科学的学科结构与分类；体育科学的社会功能；体育科学发展的动力和环境条件；体育科学与技术的关系；体育科学

产生、形成和发展的规律；体育科学研究活动的体系及研究类型的结构；体育科学研究的管理；体育科学研究的组织机构和管理体制；体育科学研究的方法；体育科研成果的评定和推广；体育科研人员的素质构成及其培养等。

（二）学科特征

体育科学学既是科学学的一个分支学科，又是体育科学体系中的一个分支学科，因而具有跨学科的综合科学性质。体育科学学的综合性还表现于体育科学的研究对象——体育运动，它既是一种人文社会现象，又包含着人体运动的生理、化学、力学的自然过程和运动技术过程，体育科学的学科群既包括研究体育运动社会文化过程的体育人文社会学科，又包括研究体育运动自然过程的体育自然学科。体育科学学既要考察体育人文社会学科，也要考察体育自然学科，对二者进行统一的、综合的、整体的研究。但从学科分类的角度来看，由于科学学和体育科学都属于人文社会科学类学科，因此，作为体育科学与科学学交叉综合而产生的体育科学学，应属于人文社会科学。

（三）体育科研的意义

1. 运动训练科学化的迫切需要。运动训练科学化是指运用科学理论及先进的科学技术组织实施并有效地控制运动训练全过程，进而实现理想的运动训练目标的动态过程。充分利用现代科学训练理论、科学方法与先进技术并贯穿于运动训练全过程，将会极大地提高现代运动训练的科学化水平。运动训练全过程是一个多层次系统，包括：科学选材、科学诊断、理想的训练目标及目标模型、科学的训练计划、有效地组织与控制训练活动、科学地组织竞赛、高效能的恢复与营养系统、良好的训练环境、高效率的训练管理等。这一切构成了运动训练科学化的基本内容。要实现运动训练的科学化，就必须进行研究，只有在训练活动中进行科学研究，提高竞技运动的科学训练水平，才能取得竞技运动水平的重大突破。

2. 竞技运动发展规律的客观体现。从 1896 年第 1 届奥运会到现在的百年间，世界竞技体育运动有了巨大发展。它经历了四个发展过程：（1）自然发展阶段（19 世纪末 ~20 世纪 20 年代）：这一阶段对各项目的训练理论与技术动作缺乏应有的研究，竞赛规则和竞赛器材也很不完善和统一，竞技运动水平较低，运动员只要具备个人天赋并稍微多加训练，就能取得好成绩。（2）新技术阶段（20 世纪 30 年代 ~50 年代）：竞技项目新技术的出现极大地提高了运动成绩。例如，举重运动的箭步式提铃技术和下蹲式提铃技术；田径短跑的蹲距式起跑技术。（3）大运动量训练阶段（20世纪60年代~70年代）：其特征是加大训练负荷，促进运动成绩提高，如大松博文对日本女排进行大运动量训练，使日本女排获得了奥运会冠军。柯巴杰耶夫对保加利亚队的训练改革和大运动量训练，使保加利亚举重队在1972年慕尼黑奥运会上一举夺取了4枚金牌。（4）多学科综合运用暨科学训练阶段（20世纪80年代至今）：其特征是广泛利用现代科技成果，对竞技运动进行多学科研究，在保证大强度训练前提下，提高训练质量与效益。

上述四个发展过程充分体现了现代运动训练从简单到复杂，从较低水平向较高水平，从自然训练到系统训练、科学训练的递进发展过程。在这个过程中，科学研究极大地促进了竞技水平的飞跃，这种飞跃是与科学研究水平和科研能力紧密结合的，离开了科学研究，就不能实现这种飞跃。因此，竞技运动的不断发展和运动训练的客观规律，都要求体育工作者必须进行科学研究，以不断提高竞技运动水平。

3. 体育教育事业不断发展的需要。现代体育教育事业不断发展，对体育科研提出了许多新课题。现代体育教育事业涉及众多的范畴：学校体育学、学校体育训练学、学校体育管理、学生体质的发展、课外体育活动、娱乐体育等都是现代体育教育的重要内容。其中的许多基本理论、基本规律都有待于人们去深入研究和揭示，以促进体育教育事业的不断发展。

加强体育科研，提高科研水平，增强科技意识，对增强全国人民的体质，促进我国各项事业不断发展具有重要而深远的意义。

（四）体育科研的任务

科学研究是人们能动地认识客观世界，探索客观真理的过程，是一种艰巨的创造性劳动。它的任务不是复述前人已经解决的问题，而是在接受前人成果的基础上，通过人的思想和钻研，进入前人没有进入或没有完全征服过的领域，解决前人没有解决的问题。因此，科学研究的根本任务就在于探索客观事物的本质，解释其运动发展规律，并利用这些规律为实践服务。

体育科学研究既是探索未知的体育领域的本质，揭示其运动发展的客观规律的过程，又是利用这些规律为体育服务的过程。因此，探索和认识体育的本质及其相关领域的联系，揭示运动发展的客观规律并作用于体育实践，就是体育科研的任务。例如，研究人体在进行体育锻炼中和锻炼后的解剖、生理、心理活动的特点与规律；研究增强人民体质，提高运动技术水平的规律；研究整个体育运动的组织管理过程的规律及场地、器材、设备的改进；研究新技术革命对现代体育运动发展的影响和促进等等，都是体育科研的重要任务。

归纳起来，体育科研的任务主要有以下几点：（1）解决体育运动实践所面临的新问题，探索问题的本质及其发展规律，创造新的理论与方法，为进一步丰富和完善体育科学体系服务；（2）从宏观上研究体育运动产生和发展的过程和规律，以及体育运动与社会协调发展的关系和规律，为体育运动的管理机构提供决策依据；（3）研究各种体育手段（运动动作）对增进人体健康的作用及其机制，为增强人民体质提供理论依据和实用方法；（4）研究提高各运动项目运动员竞技能力的途径和方法，为充分认识和控制运动训练和运动竞赛过程，提高运动训练和运动竞赛过程的科学化水平服务；（5）研究体育教育在少年儿童素质教育中的地位和作用，探索实施基础体育教育和专业体育教育的有效手段和方法，为提高体育教育的质量和效果服务；（6）进行开展大众体育、竞技体育和实施体育教育的机构保证、政策法规保证和物质条件方面的研究。在适应社会主义市场经济体制的大趋势下，还要加强体育社会化、产业化、职业化的研究，开拓体育市场。

上述几个方面既可以说是体育科研工作的任务，也可以说是体育科学研究的几个基本领域。而在每一个领域中，都包含着许多研究任务和研究方向。

第二节 体育科研的类型

联合国教科文组织对科学研究的分类问题早就有明文表述，将其分为基础研究、应用研究和开发研究。

基础研究、应用研究和开发研究既有区别，又密切联系，共同构成一个完整的科学研究体系。体育科学研究是人类科学研究大系统中的一个子系统。总体上看，体育科学研究属于人类科学研究大系统中的应用研究范畴。这也提示我们，体育科研工作应面向体育运动实践。

体育科学研究虽然属于人类科学研究大体系中的应用研究范畴，但自身也同样存在着基础研究——应用研究——开发研究的内在结构。

一、基础理论研究

基础理论研究是以发现和研究体育运动中的基本规律，发展体育科学理论，揭示各种体育现象之间的联系为主要目标的研究。

基础理论研究的主要任务是探索体育运动实践和体育科学理论中的基本规律，

担负开辟新领域、创造新理论、寻找新方向的重要责任，以及验证和提出新的理论性研究成果，不断丰富和发展基础理论学科，为应用研究和开发研究提供理论研究。基础研究的周期较长，成果属于潜在生产力，一般不能立即见效，但是一旦取得突破，对体育科学技术的发展会产生重要影响和深远意义。例如，运动与新陈代谢、酶、内分泌和电解质等内外环境的变化及“超量恢复”理论和“红白肌纤维”学说等的出现，都有力地促进了运动训练的发展。从新技术革命和体育运动未来的发展看，遗传工程在运动员早期选材中的研究与应用、微循环对训练状况的评定、内分泌研究在探索少年儿童的生长发育规律中的应用、负荷的影响对人体生物改造的研究等都将是未来体育基础研究的重大课题。

二、应用研究

应用研究是指在体育领域内为特定的应用目的所进行的研究。应用研究的任务是为了解决体育实践中的问题，应用有关基础理论提供的科学原理，着重解决一些关键性、基本的体育实践中的问题。应用研究的课题很多，如教学训练原则与训练方法、专项技术战术原理、运动竞赛、体育教学、运动员选材及运动场地器材的研究等等，都是属于应用研究。如普通中学生最大吸氧量的分析与评价；关于擦板投篮反射角度变化规律的初探；对体差生个体差异与体育教学特点的研究；国内外男子 100 米赛跑速度、步频与步幅的分析；对初中二年级每天一小时体育活动组织方法与运动负荷的初探。

三、开发研究

开发研究又称推广研究，即对体育科研成果做进一步的验证和推广。如创造新技术、新材料、新设备、新产品、新工艺等研究。它的主要任务不是探求新知识，而是解决如何应用已知理论和原则提出新技术的应用、新产品生产的问题。如：“机能糖浆”对提高运动能力的实验报告；IS—2 型游泳速度摇测仪的研制报告；继续发展我国乒乓球快攻技术——低球起板。

应用研究的开发对促进体育事业发展具有现实意义。例如，田径运动中的蹲踞式起跑技术取代站立式，举重运动中的下蹲式取代箭步式，遥控技术和新型材料在体育领域中的应用，尼龙撑竿和新型踏跳板的使用等，都曾推动了运动技术水平的提高。基础理论的研究、应用研究和开发研究是相互联系的、相互促进的，它们共同组成一个类别齐全、结构完整、理论与实践交融的体育科学体系，其中应用研究是联系基础理论研究和开发研究的桥梁。

体育科学研究的基础研究、应用研究和开发研究既有区别，又相互联系，构成一个整体。它们之间的关系体现在以下几个方面：第一，基础研究是应用研究与开发研究的基础。基础研究水平高，抓得扎实，就能为应用研究与开发研究奠定深厚的基础，也能更好地解决应用研究与开发研究中碰到的实际问题；第二，应用研究上承基础研究，下接开发研究，是理论研究通向实践的桥梁，起着承上启下的作用；第三，开发研究使应用研究的成果在实践中开花、结果，而且能将实践中碰到的问题及时反馈到前两个研究环节中。由此可见，要使体育科学研究蓬勃发展，更好地为体育实践服务，必须处理好三者之间的关系，使其结构合理，不能偏废。

第三节　体育科研的实施程序

体育科学研究的程序，是指完成一项体育科研课题通常必需的基本环节和步骤。体育科学研究一般来说包括选题、建立假说和制定研究工作计划、搜集研究材料、整理分析材料、形成论文，获得科研成果五个步骤（图1－1）。

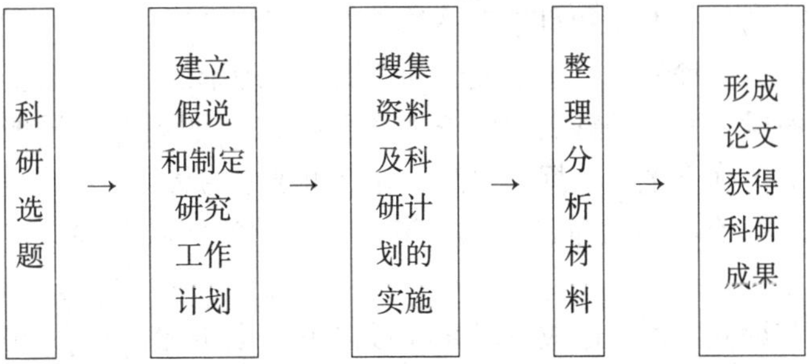

图1－1　体育科研的基本研究程序示意图

一、选　题

选题就是确定研究的课题。选题是科学研究的第一步，也是最为重要的一环，对科学研究具有重要的实际意义。体育科学研究的目标、实际价值、可能性及研究的工作量的大小等大多取决于研究课题的基本特点和性质。因此，从某种意义上说，选择了一个好的课题，往往就使研究成功了一大半。研究人员要通过各种途径和方法，去发现问题、确定研究的目标，提出能满足体育运动实践需要的、又有研究可能性的课题。体育科研课题涉及较宽研究范围（如既有不同年龄、性别、职业，也有不同体育运动水平的研究对象），也涉及了较多的研究内容（如既有社会科学方面的研究内容，也有自然科学方面的研究内容），这就为选择体育科研课题带来了很大的难度。在体育科研选题中，研究者要做好细致的选题准备工作，对研究课题的范围、以往研究的状况和研究的价值意义有充分的认识。另外，能否选择好体育研究课题，往往还取决于研究人员的知识、能力和经验。总之，研究者要特别注重研究课题的选择工作，注意选择能力的培养。

二、建立假说和制定研究工作计划

（一）建立假说

科研课题确定之后，紧接着就是对研究课题的问题提出假说。建立假说是研究过程中不可缺少的步骤。假说是人们以一种科学事实为依据，运用一定的科学理论，充分发挥思维的想象力和创造力，对所研究的问题所作的一种推断和假定性的解释。无数重大的科学发现和科学理论的建立，都要经过一个假说阶段。假说是体育科学理论发展的一种形式，也是建立和发展体育理论的必由之路，是发现新事物形成新理论的桥梁。假说的特点主要表现如下：（1）假说要以异地感的科学事实为依据，它明显区别于毫无根据的猜测，它是思维中的想象，又是建立理论研究的模型；（2）假说具有明显的推测性质，其结论有待于实践检验。因此假说是科学性和假定性的统一。

一个科学假说从酝酿到形成一般要经过以下三个步骤：（1）在科学研究中发现新事物、新关系；（2）对上述新事实、新关系产生的原因及发展规律进行初步假定；（3）运用科学方法对上述初步假定进行逻辑推理，从而形成结构比较完整的科学假说。

（二）制定研究计划

研究计划是指对即将进行的研究工作，从内容、时间和要求等方面作出总体规划和安排，以便在研究过程中按部就班、有条不紊地工作。科研工作计划是进行研究工作的依据和重要环节。通过制定科研计划，可以加强科研课题的管理，从而保证整体和个体研究任务的完成。

科研计划制定之后，一般应严格执行。体育科研工作计划的制定一般包括两个方面，即制定论文（或课题）的设计方案和研究工作计划。

三、收集资料及科研计划的实施

科研计划的实施就是按照体育科研工作计划及其设计，运用有关研究方法，如观察、实验、调查、文献资料等，将科研工作付诸实践。运用科学方法搜集感性材料，是体育科研工作的关键步骤，也是使研究进入下一步理论概括的物质基础和前提。

四、整理分析材料

在研究活动中，所收集到的原始资料一般是零散的，而且数量巨大，因此，要对所得到的研究资料进行整理工作。把原始资料进行分类简化，使之系统化、条理化，形成一个能说明问题的资料整体，这就是资料的整理工作。在对资料进行整理的基础上，对研究资料也就有了较系统的认识，但研究资料能说明什么问题，资料中蕴含着什么结论，还需要采用数学、逻辑等方法对研究资料进行分析，从中得出结论。分析资料是一个去粗取精、去伪存真，由现象深入本质的过程。在分析研究资料过程中发现和认识真理是体育科学研究的主要目的和任务。

五、形成论文，获得科研成果

研究报告或论文是总结研究工作成果的书面表达形式。在撰写格式上有特定的要求。研究报告或论文要有明确的主题思想，做到实事求是、结构严谨、层次清楚、语言通顺、用词准确、字迹清楚。研究报告或论文初稿完成之后，要认真修改，并在一定范围内征求意见、做到进一步完善。

科研成果的发表除一些特殊情况外，都可以通过学术会议、报纸杂志以报告或文章形式发表，也可汇集成册公开出版。科研成果发表后，可以得到社会的承认，并为体育运动实践服务，促进体育科学的发展。

总之，体育科研的基本程序是前后连贯的，每一阶段都是建立在前一个阶段的基础上，不能截然分开。遵循体育科研的程序，就能够加强体育科研工作的计划性，保证体育科研取得应有成果。

第四节　体育科研方法

体育科研方法是指人们为了科学地认识和揭示体育运动发展的客观规律，而采用的途径、手段、工具和方式的总称。正确认识和掌握体育科研方法，了解体育科研方法的结构、功能、发展趋势等问题，对搞好体育科研工作具有现实意义。

一、体育科研方法的结构

体育发展史告诉我们：体育科学是一门新兴的综合性科学，它早期的形成与发展是依附于教育学、医学、军事和其他学科的。因此，体育科研方法也是在广泛借鉴自然科学、社会科学和其他学科研究方法的基础上发展起来的。目前，体育科研方法还没有形成严格的体系，必须仍然广泛借鉴和吸收其他学科的研究方法。科学方法论作为科学方法的系统体系理论，在历史的发展中形成了层次日益增多的体系和结构。关于科学方法论的逻辑结构，可以从不同的角度、按照不同的标准进行分类。如按照普遍性程度和适用范围，可以分为哲学方法和一般研究方法；按照重要性的影响范围，可以分为战略性研究方法和战术性研究方法；按照认识过程，可以分为感性方法和理性方法（或经验方法和理论方法）；按照研究成果是否含有量的关系，又可以分为定性研究方法和定量研究方法。然而，作为体育科研方法，则不宜完全采用上述分类方法，而应根据体育科研的特点和实际情况，结合现代科学方法论的逻辑结构（即按照研究方法的普遍性程度和适用范围）进行分类。目前，体育科研方法一般采用的是文献资料法、观察法、实验法、调查法、访问法、测量法等。

二、体育科研方法的功能

（一）驾驭知识

知识的运用是离不开方法的，即使普通的思考，也是凭借种种逻辑方法才能得以实现的。在体育研究中，对观察获得的材料、数据进行加工整理，需要运用理论思维的多种方法和数学方法；从感性认识到理性认识，需要运用科学抽象方法；根据已知规律，需要运用假说方法。总之，运用知识必须依靠科学方法，才能架起从已知通向未知的桥梁，不断地向新的体育科学高峰迈进。

（二）促进创造才能

卓越的创造才能是卓有成效地进行体育科研的重要条件。创造才能包括探索问题的敏锐感觉、统摄思维活动的能力、形象思维的能力、抽象思维的能力、转移经验的能力、联想能力、评价能力、预见能力、语言能力等。从科学研究的逻辑过程来看，创造才能又可以概括为学习能力、思维能力和动手能力、表达能力和组合能力等。这些能力相互联系、相互促进，构成创造才能的整体。要在体育研究中有所发现，有所创新，就必须加强创造才能的培养和学习。把理论和实践结合起来学习科学方法论，掌握体育科研的一般方法，可以全面地提高强化创造力。例如，学习选题的战略方法，可以增强提出问题和确定课题的能力；学习观察、实验方法，可以提高实验设计、操作和数据处理的能力；学习体育统计方法，可以提高处理问题和组织管理能力等等。

创造能力是靠训练提高的。心理学的研究证明，天资和早慧并不能保证成年后具有杰出的才能，而有些幼年时智力平平者以后却成为功绩卓著之人，都是得益于环境的熏陶和良好方法的训练。

（三）支配科学仪器

随着现代体育科学的发展，科学仪器在体育领域中得到了广泛的运用，科学仪器的应用水平也显著提高。例如，用铯原子钟计时，精确度可达到 500 万年差 1 秒。用激光测距仪测距离，地球到月球之间的距离误差只是 10～30 厘米。还可以用激光测位移、测角速度等。第 23 届奥运会用 5000 万美元设置了 300 台电子计算机进行信息存储、资料处理和统计比赛结果，迅速、及时、准确地向全世界传递各项比赛的各种数据。数不胜数的科学仪器已成为体育科学不可缺少的基本条件，也是衡量科研水平的基本标志之一。但无论多么先进的仪器，都是受科学研究方法支配的。科学方法对仪器的支配作用包含多种含义。首先，如何选择和使用科学仪器取决于科学实验设计，取决于采用的实验类型和实验程序，取决于实验所要达到的目的和测取相应数据的要求；其次，仪器作用发挥的好坏，同样的仪器和实验条件下谁取得成功，常常取决于所使用的研究方法，取决于观察者的研究实验技巧和理论思维能力；再次，在观察和实验中为实现某种目的，往往需要研究和制造一些新的实验仪器，也就是说，新的科学仪器有时是由科学研究的发展所决定的。特别需要指出的是，科学方法不仅对科学仪器起着支配作用，而且当现有仪器在精度和分辨率方面达不到所要求的技术水平时，能够弥补仪器的不足，表现出在科学研究中的主导作用。

总之，科学仪器是由研究者支配的，无论多么先进的科学仪器，都要按照研究者实现某种研究意图和所采用的实施手段来发挥作用。所以，仪器直接服务于方法，受方法支配。

（四）推动科学技术进步

科学发展的历史证明，科学的进步往往始于方法的突破。科学技术领域发生的每一次重大变革，都伴随着科研方法的重大革命。科研方法是科学进步不可缺少的动力，是科学发展的前导。科学方法的根本作用就是推动科学技术的进步。

科研方法对推动体育科技进步的促进作用还表现在：它是正确反映研究客体的通道，它能为体育科学的形成和发展定向开路；它能使科学认识程序化、规范化、最优化；它是运用科学成果的桥梁。在促进科学理论体系的创立和发展方面，科学方法起着不可忽视的作用。

三、体育科研方法的发展趋势

（一）引进和借鉴其他学科的研究方法

体育科学发展的历史证明：体育科学研究方法主要来源于自然科学、社会科学和其他具体学科的研究方法。是在引进和借鉴其他学科研究方法的基础上，通过辩证扬弃，取其精华而不断丰富、发展起来的。由于体育科学研究方法还没有形成严格的体系，因此不断引进和借鉴其他学科的研究方法，对体育科学研究方法的发展具有重要意义。

现代体育科学的发展已呈现出既向整体化方向发展，又在原有的基础上逐步分化的趋向。体育科学与其他学科结合形成了体育哲学、体育社会学、体育经济学、运动心理学、体育遗传学、运动解剖学、运动生物力学、体育未来学等新兴学科和边缘学科。学科之间的相互渗透也表现在方法的相互渗透上，每一门体育科学都把其他学科的研究方法列入发展体育科学研究之中。

运用与体育科学相联系的邻近学科的理论和方法，一方面可以在和其他现象的互相联系中考察体育现象，弄清楚它们共同的基础和条件；另一方面可以揭示体育的特殊性。这就是不断完善和改进体育科学研究方法的一个非常有意义的、最有前途的发展方向。

（二）数学方法研究的水平日益提高

体育科学不但要研究体育现象与体育过程的质，更要研究它的量、量的关系和量的变化。也就是说，体育科学研究既需要符合逻辑的定性研究，又更需要令人信服的定量研究渗入其中。特别是一些技术动作的分析及生物力学和生物化学参数的评定、计算，更需要引用数学方法进行定量研究。但是在以往的实际研究中，由于研究方法和手段的限制及体育现象和过程难以全部用数值进行描绘，使得数学方法一直未能被视作体育科学研究的重要工具，以致体育科学研究中的定量研究还未能适应体育实践的需要和发展。

目前，数学方法的发展十分迅猛，在体育领域的应用也越来越广泛，以数理方法研究体育科学的水平不断提高。例如，体育统计学的发展、模糊数学的运用，为人们了解体育现象建立了数学基础。特别是竞技体育的模式训练，必须把训练过程变换成数学模式才能实施，这就更需要数学方法的运用。数理方法在体育领域的应用包括两个方面：一是根据体育的固有规律，把实际问题转化为数学问题，然后在计算机上求出问题的近似数值；二是按需要解决问题的性质，在计算机上进行模拟，探索其发展规律。体育的发展如果没有达到成功地运用数学的水平，就不可能精确地描绘体育的本质和发展规律，就难以进行科学预见和用定量分析掌握体育发展规律。

（三）系统方法日趋重要

系统方法主要指老三论（控制论、系统论、信息论）、新三论（耗散结构论、协同论、突变论）及现代系统思想和系统方法的最新发展：参量型系统论、系统动态学、超循环论、系统学等。引进系统方法（特别是“老三论”和“新三论”）是对静止孤立地研究体育科学的一种改造。系统理论具体体现事物是普遍联系和变化发展的思想，是一种科学方法论。系统方法把研究对象放到系统的形式中进行研究，把体育作为一个运动着的整体加以考察。整体不等于构成整体的各个要素的机械叠加和功能的简单总和，而是各个要素的有机联系和互相作用联系起来进行总的精确的动态考察。运用好系统方法能够很好地处理体育过程中的整体与局部、偶然与必然、可能与现实、数量与质量、形式与内容等方面的辩证关系，以及探索各种系统发展变化的规律、方向和趋势。目前，国内外在体育科学的研究中，已经应用了系统方法，系统方法在体育领域的应用前景是很光明的。

（四）电子技术的广泛应用

现代科学技术在体育领域的应用极为广泛，从电子计算机到各种遥测遥控设备、激光技术、光电信息技术、缩微复印技术、视听录像技术、测试仪器、模拟仪器及各种人机同步的整套测试仪器和测量设备，在体育领域的应用都极为广泛。这些技术的运用促进了体育科学研究手段的现代化，使体育科学研究手段向着自动化、电脑化、多功能化、遥控化、轻便化、高效化、模拟化的方向发展，也促进了科学研究方法从定性描述向定量研究的方向发展。

电子计算机在体育领域的应用，就充分显示了现代科学技术的重要性。电子计算机不但可以进行各种高速运算和数值处理，而且能够模拟最佳训练模式，自动监督运动员的训练负荷，统计比赛结果，储存信息资料等。目前，电子计算机的运用已有80%以上转入了非数值信息处理，已成为研究“一切信息结构的表示、转换和理解”的科学。我国的体育科学研究已经开始普及计算机的应用，计算机已经成为从事体育科学研究的有力助手和工具。如为体育科学研究储存足够多的研究信息，并进行各种技术动作的分析、计算；体育情报资料检索；体育的模拟实验；迅速处理繁琐的研究资料等，为大规模、大范围和长周期地研究宏观与微观的体育信息创造了条件，使体育科学研究更具有创造性。

可以预见，未来科技的不断发展和新兴的科学研究方法在体育领域中的运用与突破，将给体育科学研究带来更大的活力与生机，使我们能够对体育进行多侧面、全方位的认识，并推动体育科学的不断发展与飞跃。

本章复习思考题：

1. 科学研究的意义和任务是什么？
2. 体育科研有哪些类型？应怎样理解？
3. 如何认识体育科学研究的程序？
4. 如何认识体育科学研究方法的逻辑结构？体育科学研究方法和一般科学研究方法的逻辑结构有何区别？

第二章　体育科学研究的功能特点与发展趋势

第一节　体育科学研究的功能

体育科学研究的功能是指它具有的一种多维度的能动作用。这种能动作用既体现在它对研究客体的积极影响，又体现在研究主体自身的发展与提高；既反映在体育领域，又影响到整个社会。这种能动作用通过多种途径和不同层面多维度地展现出来，并且构成综合性的整体功能。

一、体育科学研究的基本功能

（一）揭示体育规律，指导体育实践

所谓规律，是指事物发展的本质联系和必然趋势。世界上任何物质运动的形式都有它的规律性。体育运动作为物质运动的一种特殊形式，在其基本矛盾和各种内外矛盾既对立又统一的推动下不断发展变化。这种发展变化中各要素间的本质联系，及其确定不移的必然趋势，就是体育运动发展的规律。

任何规律都是客观的。体育运动规律同其他规律一样，不管人们是否认识它，也不管人们是否喜欢它，它都存在、都在起作用。符合它的要求体育运动进展就顺利，就能达到预期的目的；违背了它的要求，人们的活动就会受到惩罚。当人们还不了解它时，人们的体育生活自发地受着它的制约和支配；当人们认识和掌握它时，体育活动就成为自觉的、能被驾驭实现预期目的的活动。体育科学研究的目的，就在于揭示这些规律，以指导人们的体育实践。

20 世纪初，生理学家维盖尔特在生物化学实验中发现能量物质在强烈的分解过程终止后，在再合成过程中发现明显优质的超量补偿状况。维盖尔特在此基础上

发现了超量恢复规律，从而制定了小周期超量恢复训练方案。体育科学研究的这一发现，使运动训练跃上了一个新台阶。我国乒乓球队在世界上保持领先地位，积累了丰富经验。我国有关科研人员对此进行研究和总结，从技术上归纳出我国独特的10多种打法、20多种发球及200多种单项和综合技术，对我国和世界乒乓球运动的发展起到了很大的推动作用。

随着人类社会对体育需求的不断增长，体育科学研究对促进体育的科学化，提供体育实践的作用也越来越明显。体育决策的理论与方法的研究，为体育系统领导层提供了科学的决策意见。如国家体育总局部分司局就有关问题进行了调研，为科学决策提供了依据（表2－1）。

表2－1　国家体育总局部分司局决策性专题调研举例

研究课题	主持或参与单位	应用情况
2000年中国体育	政法司	宏观规划
中国体育事业指标体系	计划司	宏观控制
我国重点竞技项目设置布局的宏观决策	综合司	决策咨询
运动员文化教育状况调查	政治司、科教司	决策咨询
2008北京奥运会有关问题研究	政法司等	决策咨询
我国跳水项目的制胜规律	四司	训练及管理咨询

运动训练的理论与方法的研究，为运动员竞技水平的提高提供了科学的理论指导，为他们在国际大赛中创造最佳成绩奠定了基础。如“对乒乓球双打组合模式的研究”，为我国女子双打选手在第24届奥运会上夺冠发挥了积极的作用。

科学健身理论与方法的研究为群众健身运动的广泛开展提供了科学的理论及方法学指导。如“运动处方”的研究，使人们对体育的盲目信托，变为科学地选择锻炼内容和手段，合理安排锻炼负荷，提高健身效果，使更多的人投入群众健身运动的行列中来。

随着人类社会的进步，科学技术水平的提高，体育科学研究的这一功能也越来越被人们所认识。

（二）推动体育科学不断发展

科学发展的历史证明，科学的进步往往始于方法的突破。科学技术领域发生的每一次重大变革，都伴随着科研方法的重大革命。科研方法是科研进步不可缺少的动力、是科学发展的前导，科学方法的根本作用就是推动科技的进步。

体育科学的发展史也是一部人类的体育科学史。正是人类有目的、有意识、有组织的不断研究与探索，才推动了体育科学的发展。

古人对体育的研究是极零散的，只是对人们在教育、军事、医疗等实践中接触的有关体育的片段加以分析，因而不可能对以多种形式存在的体育形成概括的认识。古代的“体育科学”是整个体育科学发展史上的经验阶段。依照科学的观点，古代的体育科学只是“潜科学”。

随着社会的进步，20 世纪初，人类开始了有组织的从事体育科学研究。同时，科学技术的发展又为人们从事体育科学研究提供了理论方法和手段。人们开始从传统的生物科学中引入了一些理论和方法，有组织地对体育进行研究，到 20 世纪 50 年代前后，建立了一系列生物体育科学的学科，体育科学成为人类科学大家族中的新成员。

20 世纪 60 年代初，被誉为“又一次彻底改变了世界的科学图景和当代科学家的思维方式”的控制论、信息论、系统论的理论与方法，引入体育领域，引起了体育科学方法上的革命性变革，人们开始运用系统思维方式来考察和认识现代体育，进而把体育科学研究提高到一个新阶段。现代体育科学研究突破了传统的思维模式，第一次把人类的体育放进了生物、社会、心理这个三维空间，对其历史、现实和未来进行了系统的研究，带来了体育科学的全面的繁荣。

在我国，“十年动乱”期间，体育科学研究几乎停滞。由于“左”的思潮影响，人们思想僵化，使我国刚刚起步的体育科学拉大了与先进国家的距离；“十年动乱”之后，思想解放的春风拂去了“左”的历史尘埃，体育科学研究的百家争鸣，迎来了我国体育科学的百花齐放。

科研方法对体育科技进步的促进作用还表现在：它是正确反映研究客体的通道，它能为体育科学的形成和发展定向开路；它能使科学认识程序化、规范化、最优化；它是运用科学成果的桥梁。在促进科学理论体系的创立和发展方面，科研方法起着不可忽视的作用。

爱因斯坦曾经说过：“科学不是而且永远不会是一本写完了的书，每个大的进展都带来了新问题，每一次发展总要揭露出新的更深的困难。”体育科学的发展过程是一个不断自我更新和自我超越的过程。每前进一步都离不开体育科研工作者的不懈努力与探索。所以，我们由衷地倡言：需要体育科学必须重视体育科学研究，发展体育科学必须加强体育科学研究！

二、体育科学研究的经济功能

当今在一些发达国家，科学研究已成为工业、农业、建筑业、交通业之后国民经济的第五大部门。据统计，科研成果的贸易年平均增长速度为36.5%，而商品的贸易增长速度仅为30.5%，工业品贸易增长速度为5.5%。科学研究以其独有的能力为人类创造着巨大的物质财富，科学研究作为“生产力的放大器”，它所蕴含的经济功能，在“科学经济学”的研究中得到了专门研究。

20世纪50年代末，西方国家尤其是美国首先注意到日益庞大的科技领域出现了越来越多的经济问题。随着对这些问题的研究，“科学经济学”便应运而生了。

第一个提出“科学经济学”概念的苏联学者加托夫斯基提出：“科学经济学的实质，首先在于研究提高科学研究的生产经济效果的因素……。”我国学者认为，科学经济学“是从经济学角度来探讨科学领域中各种经济现象与经济规律，寻求提高科研工作效率和科研经费使用的有效途径的一门新兴经济学科”。国内外的学者从不同角度肯定和探讨了科学研究的经济功能。

体育科学研究的历史尚不长，有关对体育科学研究的经济功能的研究国内外还不多见。但体育科学研究直接服务于或通过体育的中介环节服务于经济建设，已成为客观事实。

体育科学研究直接的经济功能表现为：体育科学研究不断提高人们对体育在国民经济大国中重要作用的认识，从而促进了国家对体育投资的不断增长。

当今，体育经济学的研究不仅推动了体育科学理论的发展与体育科学体系的完善，而且更新了人们的观念。科学研究表明，体育可以促进国民收入的增加，体育投资的经济效益具有“间接性、迟效性、长期性”，而且“体育投资的受益者是全社会”。

体育科学研究间接的经济功能是通过体育中介实现的“体育可以培养劳动力、发展劳动力、保护劳动力、恢复劳动力、延长劳动力”，进而推动社会生产力的发展，促进社会经济的增长。在投入一定的前提下，培养、发展的劳动力数量越多、素质越高、周期越短，体育的效益就越大。然而如何做到“数量多、素质高、周期短”呢？关键之一在于科学研究的力量。这是因为：从人们对体育的盲目信托到科学的实施体育，这其中无论是体育内容、手段、方法的选择，还是体育思想的更新，以及体育体制的改革，甚至体育效益的科学评价，无不依赖体育科学研究。所以，体育的经济效益在很大程度上间接地表现着体育科学研究的经济功能。

三、体育科学研究的伦理功能和美育功能

体育科学研究探索体育现象，揭示体育规律，同时也塑造了科研主体——人的审美意识和伦理情操。体育科研工作者在研究、探索复杂的体育现象过程中，既表现出对美的刻意追求，又会受到人格的熏陶和表现出对高尚情操的向往。

任何科学研究都需要真、善、美的和谐统一，都是把追求真、善、美的和谐统一作为自己最高的价值准则。伽利略不畏罗马教皇的迫害，捍卫科学真理；达尔文和华莱士谦让荣誉，表现出科学家的谦虚美德；二战期间，德国有些科学家为了讨好希特勒，积极参加对相对论的围攻，进行灭绝人性的人体冰冻试验，遭到全世界的反对。为了推动科学发展，科学界提出了一些科学家应具备的品质：要探求真理，而不被偏见、权威和个人想象所支配；要论证，而不要断言；要接受并捍卫自己被证明为正确的东西，而不要扭曲它；不要固执己见和自以为是，要准备重新审查自己的甚至是要有根据的信念；诚实地从事科学研究（参见朱长超著《新学科巡礼》第 8 页）。

这种对真、善、美的追求，也体现在体育科学研究过程中，体育科学研究的伦理功能和美育功能也就在这种深层的或内在的价值实现活动中展现出来。

求真是体育科学研究基本的责任要求。“所谓真，是指客观世界自身的发展变化规律。”（胡小明《体育美学》第 40 页）体育科学研究过程就是揭示体育运动客观规律的过程。因此，体育科研工作者必须实事求是，不能“固执己见和自以为是；必须坚持真理，不能被偏见、权威和个人理想所支配”；求善是体育科学研究的基本理论要求，也是体育科研的归宿。“所谓善，是指人类在实践活动中所追求的功利价值。”（胡小明《体育美学》第 41 页）体育科学研究揭示体育的客观规律，目的是指导体育运动实践，更有效地增强人民体质，创造更高的运动技术水平，使人民的社会文化生活更丰富多彩。体育科研工作者必须以积极的态度研究体育问题，而且这种“研究”必须有利于增进健康、增强人民体质，从而使体育及社会向着理想的方向发展；求美是体育科研工作者向往的理想境界。宣扬体育在现代社会生活中的重要地位，讴歌体育工作者的拼搏精神和无私奉献的高尚品德；憧憬青少年德、智、体、美全面发展、人民体质增强和文化生活质量的不断提高等等，既是体育科研求真、求善的自然结果，又是体育科研工作追求的美好愿望与最终目标。

探索体育现象，揭示体育运动客观规律，促进体育科学的发展，是体育科学研

究的永恒主题。然而体育及体育科学发展总是交织着进步与落后、正确与错误的冲突，并且永不完结。所以，认识体育及体育科学发展过程的进步与落后、正确与错误的冲突，并作出价值判断，既是体育科研的重要内容，又是体育科研中审美情操和伦理意识的源头。

如果说任何学科的发展都存在着进步与落后、正确与错误的冲突，体育科学与他们相近的话，那么，由于体育科学对象——体育本身独有的丰富的审美素材和伦理问题，而使体育科学研究较之其他学科更有利于塑造研究主体的审美情操和伦理意识。

人是体育科学研究的主体。这意味着人与体育科研不仅是相互依存的关系，而且更应成为它的主人。体育科学发展的漫长过程，也是人们主动探索、创新甚至斗争的过程。这些探索、创新和斗争，充分显示了人对科学真理的向往和不懈追求，因而充溢着美的价值和伦理价值。因为“对真理和知识的追求并为之奋斗，是人类最高品质之一”。(《爱因斯坦箴言集》第 35 页)

体育科研中体现着真、善、美的和谐统一，同时，它又与科研工作者的道德观、价值观和责任感密切地融为一体。这种水乳交融的关系不但表现为每一位体育科研工作者无不为体育科学的繁荣倾注激情与心血，而且更深刻地反映在体育科研工作者对体育事业的发展，对人们体质健康水平怀着强烈的忧患意识。这种忧患意识和执着追求正是他们从事体育科研的价值尺度，也是他们特有的道德观念和强烈责任感的源头。自然也体现在对真、善、美的孜孜追求之中。

求真、求善、求美是一个统一的整体，它蕴含着体育科研的伦理功能和美育功能的基本要素。它不但激励体育科研工作者不断进取，促进体育科学的发展，而且又规定体育科研工作者所遵循的准则。

第二节　体育科学研究的特点

科学研究是一项艰苦的创造性劳动。它是在继承前人成果的基础上，揭示研究对象的客观规律，把未知变成已知，把知之不多变为知之甚多。因此，继承性、探索性、创造性是科学研究所共有的基本特点。体育科学研究除了具有科学研究所具有的一般特点外，还具有一些体育科研自身的特点，它们主要表现在以下几个方面。

一、创新性

科学研究的目的就是为了发现新事物，创造新知识，在继承前人成果的基础上进行创新，使体育教学理论、训练理论、训练方法从低级到高级、从不够完善到逐渐完善并向科学化的方向发展。只有在继承前人的基础上进行创新，才能揭示体育运动的基本规律；才能使竞技运动的理论与方法的知识不断扩大、深化和发展；才能提出新见解，得出新结论，发现新规律，为体育科学的发展作出更大贡献。例如，在竞技发展史上，在训练领域因进行科研创新而促使运动技术水平大幅度提高的事例很多。如著名教练孙海平在跨栏项目训练中，在技术、训练理论、训练方法、比赛战术、恢复措施等领域进行了创新，开辟了一条全新的发展道路，培养了我国奥运会跨栏冠军刘翔等优秀运动员，使中国跨栏项目跃居世界领先地位，其根本原因就是全面的创新。跳高技术从跨越式、剪式、俯卧式到背越式的创新，使世界纪录有了大幅度的提高。苏联冰球队教练吉洪诺夫在训练领域的创新，使该队在世界锦标赛上连夺“五连冠”。吉洪诺夫在回答成功的原因时曾说过这样一句话：“也许是因为我永不停滞，总是试图创新。”

二、综合性

体育科学是一门综合性科学，它的研究对象涉及自然科学、社会科学和人文科学。随着现代科学技术的迅猛发展，各门类科学向体育科学的渗透和转移，使体育科学内部的新学科不断兴起，这些新学科广泛涉及科学研究的各个领域。此外，体育科学的对象，不但有对人体本身的研究，也有对物的研究（如体育设备的系列化研制）。这种综合性的特点对体育科研人员的知识结构、智力结构及现代体育科学的组织管理工作提出了更高要求。同时，也只有进行多学科的综合研究，才更有利于揭示和探索体育实践中存在的问题。

三、应用性

体育科学研究的目的就是“发展体育运动，增强人民体质”，促进运动技术水平的提高。其选题均直接来源于体育实践，特点是研究周期短，应用性强，无中间环节。研究对象与研究结果往往与体育教学手段和方法、运动训练手段和方法等的改进有关，并能在较短时间内直接或间接地促进运动技术水平或体育教学质量的提高。体育科学研究的应用性还表现在研究过程中往往要运用有关基础理论提供的科学依据和基本资料来解决体育教学、运动训练和与运动技术水平有关的基本问题。以运动训练为例，在运动训练中能否将科学理论应用于运动实践，并促进运动员技术水平提高，取决于是否弄清或解决了以下问题：（1）所在项目运动员的生理、生化特征；（2）所在项目运动员在不同训练量、训练手段中的生理、生化特征；（3）运动员个人的生理、生化特征；（4）人体生长发育的基本规律；（5）能组合多种训练方法以达到训练的目的；（6）训练中善于扬长避短，克服不足；（7）确定监测、检查指标；（8）所在项目的技术形态要求，并能用生物力学要求加以解释；（9）预防运动性职业病的发生；（10）在大运动量负荷下的营养、保护和恢复措施；（11）所在项目的国内外发展趋势。

四、对象的动态性

体育科学研究主要是针对具体的人——即“运动中的人”，因此，体育科学研究具有明显的对象化的特征。同时，“运动中的人”这个研究对象具有社会及自然（生物）双重性，对这一对象的研究也不同于医学对人的研究。后者对人的研究主要是在人体系统内外环境受到破坏的前提下进行的，而前者对人的研究是在运动中的状态和变化，这也就决定了体育科研的对象具有动态的特点。“运动中的人”具有极为鲜明的个体差异性，这表现在性别、年龄、遗传素质、健康状况、成长环境、生活经历、训练年限及水平、技、战术风格、心理及智力特点、个性特征等方面。由于个体差异性的原因，体育科学研究往往难以进行重复试验。例如，同一个项目的两个都达到世界先进水平的优秀运动员，由于个体差异性，甲的训练方法就未必适合乙。因此，必须根据不同的对象区别对待，因人而异安排科学训练。

此外，体育科研还具有精确性与模糊性、确定性与随机性结合的特征。体育科研的精确性，主要指对研究对象必须进行精确的描述。要求观察、实验及各种数据都必须精确，要求对研究对象进行定性分析，更重要的是要求定量化。然而，某些体育对象具有模糊性，难以用精确的方式表现出来。例如，对武术和体操等项目的运动员某些技术动作的分析、评定就难以精确定量，只能对其加以模糊分析与评定；此外，在体育现象中存在大量随机过程和必然过程，特别是某些运动员成绩，在不同的比赛条件下成绩有所不同，其中一个重要因素就是确定性与随机性的作用。对这些因素的研究，也就必须具备确定性与随机性相结合的特点。

第三节　现代体育科研发展趋势

一、现代体育科学技术发展总体趋势

（一）现代科学技术的发展大大地促进了体育科技的进步

现代科学技术的发展大大地促进了体育科技的进步表现在高科技手段广泛运用于运动训练，提高了训练的科学化水平，促进了运动技术水平和比赛成绩的不断提高。

现代奥运会在很大程度上是参赛国之间的科技较量，它不仅是体育科技实力的集中体现，而且涉及生物科学、信息科学、材料科学等领域内高新技术对竞技体育的介入和影响。例如，生物科学的最新制品在体育中的运用明显提高了运动员承受训练负荷的能力和竞技能力；信息科学的新成果大大提高了训练和比赛中的信息采集、传输和处理能力；材料科学的新产品，直接促进了运动成绩的提高等。

（二）体育科技的地位和作用日益强化

由于现代竞技体育的水平越来越高，提高运动成绩的难度越来越大，为了在重大国际赛事和奥运会上取胜，世界体育强国都在力争运用最新科技手段来挖掘人体运动潜能，这大大推动了体育科研工作的深入发展。

美国在 1976 年奥运会上负于苏联和民主德国以后，痛下决心，学习东欧国家之所长，切实加强体育科研和科学训练工作。1977 年美国奥委会在海拔 2000 米的斯阔谷建立了第一个奥林匹克训练中心，紧接着又在美国奥委会总部所在地科罗拉多斯普林斯建立了第二个奥林匹克训练中心，在这些中心里集中了一批生物力学、营养学、生理学、心理学、计算机及其他学科的专家，开展体育科学研究和科技服务，配合教练员进行科学训练和技术诊断。这类体育科研和运动训练一体化的训练中心，对美国运动技术水平的进步发挥了巨大作用。据统计，包括美国所有一流运动员在内，每年有 12000 ~ 15000 名运动员在训练中心进行训练。据 1995 年 9 月的报道，历时 4 年，耗资 6500 万美元，占地 150 公顷的另一个加利福尼亚“阿尔科训练中心”已投入使用。

苏联曾长期居世界体坛霸主地位，这与其建立世界一流的体育科研机构和科研队伍有密切关系。苏联早在20世纪30年代就建立了独立的体育科研所，其著名的全苏体育科研所在鼎盛时期曾达到1700多人。民主德国国家体科所有800人。此外，意大利、西班牙、法国、澳大利亚、韩国等国家也都相继建立了国家体育科研专门机构，今年7月日本国家体育科研中心的新建大楼也将落成使用。

（三）体育科研系统更加开放

体育科技的竞争促使许多国家的体育科研体制改变闭关自守、仅仅依靠少数专业人员进行研究的状态，形成面向社会、面向其他学科、面向世界的开放体系，建立了体育科研与教学训练相结合、专职研究和兼职研究相协作、体育科学与其他科学相联系的体育科技网络。澳大利亚游泳协会为准备2000年悉尼奥运会曾组成训练、科研、管理一体化的“多国部队”，他们花费100万美金购买了前苏联准备奥运会的全部资料，并聘请了以著名运动员波波夫的教练为首的、其成员有来自英国、加拿大等国的教练员、科研人员组成攻关小组，共同工作，取得了引人注目的成功。

（四）体育科研高度的整体性、综合性与专门性、个性化特点的有机统一

体育科研的多学科综合研究的趋势日益明显。体育是一个复杂的社会现象，仅竞技运动的训练过程，就涉及几乎所有的体育学科知识。有学者统计，提高运动成绩的因素达150多项，包括体质、素质、机能、心理、技术、战术、智力及多种社会因素，这一现象的研究涉及人体形态学、遗传学、解剖学、组织学、生理学、生物化学、营养学、医学、心理学、教育学、管理学、信息学等众多学科，只有从多学科的角度进行综合的考察和研究，才能找出其发展的规律，求得更加有效的整体解决问题的方法。运动实践证明：多学科综合研究是提高体育科研能力的有效途径，这种高度综合的体育科研方式，也促使体育科学产生一系列变革：在思维方式上，要求人们强化宏观意识，系统地、全面地、整体地考虑问题；在科研组织上，要求建立多学科专家共同进行专题研究，分工协作、有机统一的组织形式；在研究方法上，要对同一对象进行多角度的同步综合测试、观察和分析。

与此同时，针对优秀运动员的、具有个性化的研究也在不断加强和深入。毕竟运动员是以个体形式参加竞技活动的，具有区别于他人的个性特点，深入挖掘优秀运动员的个体潜力将是新世纪运动科学研究的重点。目前运动训练学的研究更注重

对专项规律的探索，体育创新更注重专项性和个体性，如研究采用符合运动员个人特点的运动技术、运动器材装备、服装、鞋的特别设计，符合个人需要的特制营养品的生产等等。

（五）兴奋剂与反兴奋剂的斗争更为激烈

自20世纪40~50年代以来，当兴奋剂出现在竞技比赛场上之后，兴奋剂与反兴奋剂的斗争就成为竞技体育领域关注的焦点，也成为体育科技界长期的、永恒的主题。所谓“道高一尺、魔高一丈”，对兴奋剂和反兴奋剂的机理、方法和手段的研究就一直处于国际体育科学的前沿，其研究成果在一定程度上反映一个国家的整体体育科技水平。

二、前沿学科领域的发展动态

科学技术发展史表明，在科学技术发展中，各门学科、技术总是处于不平衡的发展状态，在一定时期内，有少数学科、技术往往居主导地位，起着重要的支配作用。我们必须密切关注和追踪体育科技的前沿动态及其发展前景，才能做到心中有数，以利于争取主动。

（一）计算机技术在体育中的运用及其前景

计算机技术的飞速发展和因特网的出现，象征着人类社会已进入了信息化时代。高速宽带智能化综合数据网，多媒体技术，语言、文字识别与机器翻译，虚拟现实等模拟大脑活动而发展的计算机原理、新的计算方法和软件是计算机科学的前沿领域。

西方国家的一些学者指出，以计算机技术为中心的高新技术手段在体育中的应用，将促使整个体育运动产生革命性变化。目前计算机技术在运动训练中的运用，表现在以下几个方面：（1）建立图像识别系统，利用图像重叠技术对技术动作进行图像处理及时反馈；（2）利用因特网技术对运动员训练和比赛问题实施远程运动医学、训练、心理学专家诊断，可使运动员在同一时间接受到工作在不同地方和不同领域的权威专家的声像指导，以此方式还可以解决运动员流动训练的文化教育等问题；（3）运用计算机大量存储数据资料、高速运算、模拟分析的功能，建立多功能大型专项数据库，可以准确地分析训练方式、修正训练指导思想；（4）利用先进的计算机智能化功能，将计算机软件与先进的录像设备结合组成“可视数据库”，将比赛情况记录下来，运用数据库的快捷功能对比赛情况进行分类处理，将比赛现场技战术信息（如对手的比赛线路和攻击点）迅速分析反馈给教练员，为教练员作赛前侦察、赛中指导及赛后总结提供帮助；（5）利用卫星雷达计算机分析反馈系统，监测自行车、水上项目比赛和训练过程、进行技战术诊断与指挥；（6）运用计算机软件编程和多媒体技术，可以实现体育管理的自动化、建立比赛管理指挥系统、裁判员评价系统等；（7）在基础科研领域，通过计算机模拟信号转换技术将呼吸、摄氧量、血压、肌电、心电、脑电等模拟信号进行转换后，再进行分析处理，可以遥控探测人体运动科学的动态真实规律等。

此方面还有大量的领域正在开拓，其发展速度和成效是难以预计的。

（二）基因技术在体育中的应用前景

2000 年最引人瞩目的科技成就是人类基因组序列工作草图的绘制完成，这一成果被誉为生命科学的“阿波罗登月计划”“打开了生命天书的第一页”。人类基因技术的运用是现代生命科学研究取得重大进展的标志之一。我所科研人员指出，从体育运动的角度看，随着分子生物学理论与技术的飞速发展，尤其是 DNA 重组技术的广泛应用，人们可以从基因水平上寻找决定人类运动能力的基因，在分子水平上探讨人体对长期训练的适应性变化，从而能更加科学而准确地评估个体的运动状态及运动潜力，加强对运动训练的控制。例如，可以通过基因调控防止运动性疲劳和加快恢复过程；利用基因诊断技术对运动员进行身体机能评定；利用转基因技术改造人体化学组成；建立运动性伤病与运动意外基因诊断系统，进行运动员基因选材等。

1. 利用生物芯片技术建立运动员身体素质功能诊断系统。采用先进的基因芯片技术，从不同运动项目运动员的身体素质相关基因表达的检测入手，可以进行：（1）筛选并确立运动员身体素质功能基因组；（2）探讨不同项目运动员身体素质功能基因组表达谱的特点及与运动能力有关的身体素质基因的遗传与变异规律；（3）进行身体素质功能基因组的多态性分析；（4）建立优秀运动员身体素质功能基因文库；（5）最终实现优秀运动员身体素质功能基因诊断和基因选材的芯片系统的建立。这一系统的建立无疑是中国乃至世界运动员科学选材史上的巨大变革；同时，也将作为继人类基因组草图绘制成功之后，后基因组研究的重要组成部分，这一研究计划的实施不仅可以丰富后基因组研究的内容，为人类运动素质遗传特性的研究作出贡献，而且对我国实施“奥运争光计划”优秀运动员及后备人才的选拔具有重大的理论和实践意义。

2. 用基因探针进行运动员科学选材。基因探针在诊断某些遗传病及其他疾病方面，已广泛应用于临床。利用某些生理生化指标对运动员进行科学选材，也已得到人们的重视。研究表明，某些身体素质（如力量、速度和耐力）及其发展潜力，具有相当高的遗传度，它们可能受一个或几个基因的调节和控制。在这项研究中，首先要利用限制片段长度多态性（RFLP）技术和随机扩增多态性 DNA（RAPD）技术，分别对优秀运动员的力量、速度或耐力的 DNA 多态性进行检测，以找出他们基因组之间的差别和特异性基因，然后进行克隆，制备成基因探针。最终利用探针杂交来检测运动员所具有的身体素质特性，同时建立优秀运动员基因库。

3. 基因注射技术。需要引起我们重视的是基因注射技术的出现。所谓基因注射，是指通过注射手段，以人体内的微生物为载体，把特殊的基因嵌入人体细胞内，使原有的细胞产生变化。对体育运动来说，基因注射技术或许是一场潜伏的灾难，因为在基因技术的帮助下，运动员可以改变自身的组织细胞来激发潜能、提高运动成绩，这与服用兴奋剂如出一辙，而且更加防不胜防。世界著名的运动生理学专家 B. Saltin 教授多年来一直关注着生物注射的进展状况，他在一篇题为《基因兴奋剂：科幻小说还是迫在眉睫》的论文中指出，基因注射技术的研究进展十分顺利，用于运动员只是时间问题。他甚至预计基因注射在未来五年内就能被广泛应用于商业目的。Saltin 认为，如果从一只苍蝇身上取出一种基因，经过有目的的修改后重新将基因注射进苍蝇体内，这只苍蝇身上用于飞行的肌肉比注射前强化了近 300 倍。如果将增强上肢肌肉的基因注入标枪运动员身上，那 98.48 米的世界纪录很容易就被打破。如果将促红细胞生长素或生长素的基因注入运动员体内，就可极大地提高他们的运动能力。此外，基因注射有着传统兴奋剂难以比拟的优势，那就是很难被检测出来。

从上述基因技术运用的动态及其前景的描述中我们可以看出，基因技术在体育中的运用可能产生最具有革命性和爆炸性的结果。正如其他高新技术一样，基因技术也是一把“双刃剑”，它不仅可能极大地改变体育运动，尤其是竞技运动的面貌，而且可能引起竞技运动性质的改变，引发一系列关于体育竞赛宗旨、体育道德、伦理方面的冲突和争论，甚至可能发生竞技体育的异化。这是带有根本性的问题，需要引起我们的高度重视。尽管基因技术的研究开发到实际应用尚需时日，但其进展的速度可能超出人们的想象，在这个领域内的争夺将异常激烈。据 3 月 23 日《科技日报》报道，上海去年申请各项基因专利达 2800 多项，占专利申请的 60%，比 1999 年增长了 6 倍。目前仅我国就已建立了十几个基因研发中心，从中科院到清华大学、复旦大学等著名高校都已建立并开始工作，预计很快就会涉及体育领域。而体育科研受现有设备条件及科研经费的限制，目前还未涉足，这是十分令人担忧的。落后就要挨打，这是不争的事实，我们必须从战略的角度出发，思考和研究这一问题。

最近一些科研人员与清华大学“生物芯片研发中心”探讨了共同研究开发运动员选材基因芯片的可能性和可行性问题，得到了令人鼓舞的反馈信息。如果前期能投入100万元经费，再筛选出1000名优秀运动员样本，就可以在他们基因库工作的基础上，初步建立我国运动员基因选材的芯片诊断系统。

（三）材料科学应用研究发展状况及其前景

材料科学的最新成果在运动装备方面的应用可以对运动成绩提高带来直接的影响，这已为竞技运动实践所证明。例如，（1）日本科研人员发现游泳运动员的游泳衣在比赛中所产生的阻力约为总阻力的3%，为减少这一阻力，科研人员在泳装降阻方面花费了很大工夫。（2）生物理学家测定表明，跑鞋的重量每增加100克，运动员的体能消耗就会增加1%。为降低跑鞋重量，1991年，日本美津浓公司为卡尔刘易斯制作了重量为115克的专用跑鞋。该跑鞋重要部位选用的是航空材料，刘易斯以9秒86打破世界纪录时用的就是这一跑鞋。在第27届奥运会上，短跑运动员的跑鞋上使用了新的“Z”字形钉，也是最新的科技成果。（3）为减轻足球运动员的服装重量，德国阿迪达斯公司生产出一种新型足球衣，布料纤维直径仅为头发丝的五十分之一，5公斤纤维即可绕地球一周，非常轻便，因此当年参赛的24支足球队中，就有16支穿上了该公司生产的这种足球衣。（4）澳大利亚科研人员选用特制材料制造了自行车运动员头盔，并改变帽形与结构，从而大大减少空气阻力。据测验，在100公里计时赛中，这种头盔的使用可提高成绩15秒。

在这方面我们尤其要关注纳米技术的应用。新材料的科技前沿和杰出代表是纳米技术，纳米是长度单位，1纳米是1米的十亿分之一，20纳米相当于1根头发的三千分之一。这项技术就是对原子和分子进行加工，并且将其组装成具有特定功能的结构，控制小到肉眼看不到的一种材料，从而向微观世界进军。专家称：纳米技术是跨越21世纪、关系到诸多领域技术革命的关键。可以预见，纳米技术在体育运动领域的开发运用将极大地改变体育运动的面貌。有报道称，国外正在运用纳米材料生产阻力更小的游泳衣。网上曾有报道称，青岛双星技术开发中心已于近期研制出了第一双纳米鞋。

（四）运动心理学研究发展状况及其前景

中国科学院院士白春礼认为："研究最复杂客体的心理学和认知科学将成为后来崛起的高峰，并在更远一些的年代里可能成为新的科学革命中心。人脑的工作机理将是21世纪认识科学的前沿。"有科学家称：对大脑功能的研究开发是揭开人类奥秘的"最后一个黑匣子"，具有重要的意义。目前，国际运动心理学界的研究着眼于开发运动员心理潜能和脑潜能，他们运用认知心理学、神经心理学原理，把对大脑功能的研究提高到一个新的层次。有专家认为，目前运动员脑潜能只使用了10%，还有极大的潜力有待挖掘。关于大脑左右两半球功能差异的研究成果表明，右脑控制着人的空间知觉、形象化技能、知觉和表象、直觉和运动觉等功能，而这些都与运动技能的学习、掌握、巩固、提高和比赛时的发挥有着更直接的关系。目前根据左右脑功能的定位不同，专家们在脑功率谱和脑地形图等研究手段的帮助下，对右脑的训练和其功能的开发研究正不断深入，这些研究必将有利于运动员技术水平的迅速提高和优异运动成绩的创造。

（五）体育科学技术的影响和作用

竞技体育是体育科技实力的集中体现。回顾竞技运动发展史可以看出，科学技术对运动技术水平的促进作用，有四个方面的创新成果起到了决定性的作用：（1）新材料在竞技运动中的运用。例如，利用塑胶材料做成"塔当跑道"、用尼龙制作"撑竿"，促进了田径项目运动成绩的大幅度提高；"海绵坑"的出现使体操、技巧等项目的技术动作发生了革命性的变化；用新材料制作的"鲨鱼皮"泳装提高了悉尼奥运会游泳运动的成绩等。（2）运动器材装备的革新。例如，射击运动使用的枪支，射箭运动用的弓、箭，网球、羽毛球运动使用的球拍，乒乓球运动使用的胶皮、胶水等。据报道，荷兰科研人员研究的新型活动刀托速滑冰刀的应用，引起了速度滑冰技术的变革，从1996～1998年应用以来，打破了所有的世界纪录，震动了国际体坛。（3）生物制品的使用大大提高了运动员的能力，其成效是有目共睹的。（4）运动技术的创新。例如，田径运动中的"背越式跳高"技术，游泳运动中的"高航式"蛙泳技术，"风车式"自由泳技术、体操运动中的难新动作，乒乓球运动中的"弧旋球技术"等都给各运动项目带来了巨大的成功。

这四个方面中，前三个方面是由于外行业的介入渗透造成的结果。应该说，外学科对体育运动的介入，扩大了体育科学的研究领域，深化了对体育运动规律的认识，同时它催生和派生了许多新的体育学科，推动了体育科学的发展。而上述第四方面是运动技术创新，这是体育运动主体的创新活动，这其中有教练员、运动员、科研人员和管理者的参与，其中教练员起主导作用，这种创新也是科研活动的组成部分。从学科角度看，技术创新属于运动训练学分支——专项训练学的技术部分；从活动的性质看，技术创新是根据专项运动规律对运动技术动作的科学设计和改进，也是一种发明创造，因此可以说，教练员的技术创新活动也是科研活动。我们必须用“大科学观”来看待体育科学，突破传统体育科研的狭窄界限，扩大视野，兼收并蓄，壮大自身力量。

本章复习思考题：

1. 体育科学研究有哪些特点？
2. 试述体育科学研究的基本功能？
3. 如何理解体育科学研究中的创新性？

第三章 科学选题

第一节 选题的意义与途径

一、选题的意义

不论属于哪一种类型的体育科研，都要经过研究课题的选择与确立、研究计划的实施、研究结果的获得这样几个基本阶段。选题是体育科研工作的第一步，也是最重要、最关键的一步，它集中体现了研究者对研究问题的科学构思、理论认识、研究方法及要达到的预期结果，它直接影响这项研究工作能否顺利完成、是否有意义。俗话说，“良好的开端等于成功的一半”，我们不妨这样说，正确的选题等于成功的一半。英国著名科学家贝尔纳曾指出：“课题的形成和选择，无论作为外部的经济技术要求，或作为科学本身的要求，都是研究工作中最复杂的一个阶段。一般来说，提出课题比解决课题更困难。所以，评价和选择课题便成了研究战略的起点。”国内外许多著名科学家之所以成功，涉及的因素很多，但其中一个显而易见的因素就是课题选择抓得准、抓得对。

（一）选题就是寻找体育教学训练问题的突破口

体育教学训练是一种极其复杂的社会现象，任何人要研究与揭示体育教学训练的本质，探索其中的客观规律，都必须找到着手点和突破口：必须先在一个方向上，通过一个具体的课题突破，然后逐步扩展、延伸，求得对越来越多的教学训练规律的认识。

例如，某中学体育教师刚开始搞科研时，首先从自己的实际工作需要出发，从中学体育课的组织形式改革入手，选择了初中生“按学生体能分组与常规教学单位分组的教学效果比较”这一课题进行实验研究，取得了预期的效果。之后他又在高中生中按此体能分组方法进行了重复实验，进而他将研究范围扩大到对体育课教学质量的分析评价、教学内容的科学安排等方面，成为当地体育教学改革的积极分子、教学科研的带头人。

（二）课题的选定对科研工作的成功起着决定性作用

选题是整个体育科研工作的开端。课题一旦确定，那么其研究的目标与方向、研究的对象与范围、研究的主要方法与步骤乃至研究可能取得的预期结果、成果的理论价值和实践价值等，也随之在某种程度上被决定了。科研工作能否较好地得到外界的支持呢？一般来说，有价值的课题容易引起外界的关注，容易得到各方面的支持与配合。体育科研的大量事实告诉我们，选题恰当，研究活动就进展顺利；选题失当，则可能反复受挫，久攻不克，甚至南辕北辙，劳而无功。

（三）选题过程是提高自身能力的过程

有价值的课题通常是在深入揭示理论与实践之间的矛盾的基础上提出的，因此，选题过程也是一个研究过程。有志参加体育科研的教师、教练员在步入体育科研大门后的第一项工作就是选题。为了选取有研究价值的课题，就需要学习、钻研所学的体育基础理论与专业理论，搜集与分析有关文献资料；就要对自己多年来从事体育教学训练的经验、想法进行回顾，对在教学训练中所面临的问题进行思索；还要对主客观条件进行分析、评价：哪些是有利于科研工作的，如何发挥出来，哪些是不利的因素，如何在选题时加以避免或有效地克服。显然，这个过程费时且又费神，有时甚至需多次反复。即使选题不够理想或课题确定后研究未能成功，这个选题过程对提高科研能力仍然是非常有益的。

二、选题的途径

概括地说，体育科研课题主要来自我们所从事的体育教学训练中的问题。教学训练问题大致可分为两类：一类是体育教学训练实践中的问题。如《排球运动员选材指标体系的研究》《初中篮球教材中教材安排顺序的研究》；另一类是教学训练理论方面的问题。如《周期性耐力项目的多种竞速能力》《我国新时期学校体育思想改革与发展初探》等。两者间有着密切的联系。根据教学训练实践中迫切需要解决的问题而提出的课题，常常也是教学训练理论所没有解决或没有完全解决的问题；根据教学训练理论建设需要提出的课题，或迟或早也会直接或间接地影响教学训练的实践。对体育教师、教练员在自己的工作实践中选择课题，可以扬长避短，使自身的优势得以发挥。教学训练领域中的问题是多种多样的，有的比较宏观，如《竞技体育运动的发展战略》《普通少体校的办学模式》《中学体育教学大纲的改革》；有的则比较微观，与教学训练工作联系很密切，如《背越式跳高助跑曲线的设计》《游泳运动员两种卧水姿势的阻力研究》《女子儿童高低杠屈伸上的教学训练方法》《头手翻的教法设计》《小学生队列和体操对形的教法》等等。体育教师、教练员要独立承担宏观的综合性研究课题是比较困难的，而在自己的工作实践中寻找课题进行研究则是完全可能的。有人曾深有体会地说："课题就在身边。"这句话道出了体育教师、教练员选择课题的奥秘。

根据体育科研的经验，比较切实可行的选题途径有以下几种。

（一）从教学训练的疑点中选题

在体育教学训练中有不少亟待解决的问题，中学高年级女生对体育课积极性不高就是一个普遍存在的问题。那么，这个问题在所在学校的现状如何呢？产生这种现象的原因是什么？体育课的教学内容、教学方法、考核形式与要求与女生上体育课积极性低落有何关系呢？怎样去采取有效措施加以改善呢？又如某一运动项目的成绩与国际先进水平相比有较大差距，就有必要从运动员选材、身体训练、技战术水平、心理素质等方面去发现问题，也有必要从教练员的训练水平、管理方式等方面去寻找不足。这些问题既可以分别研究，也可以综合研究。类似的问题有许多，如学校体育教育与终身体育的关系、学校体育课的改革、培养学生体育意识与体育能力的途径与方法、学校体育如何培养优秀体育后备人才；运动员赛前训练的科学安排、运动训练负荷安排的科学化、身体训练如何与专项训练相结合、如何使运动员保持良好的竞技状况……这些问题在体育教学训练中经常遇到，与教学训练水平的提高有一定的关系。尽管有不少人对上述问题进行过研究，但问题还未完全解决，而且随着时间的推移不断有新的问题产生。从这些突出的现实问题中选择课题是体育科研的重要任务。

（二）从成功经验中提出课题

人们通过自己的实践总会在不同程度上积累一些成功的经验，如有的教师善于组织课堂教学，合理地掌握运动负荷；有的在组织安排雨天室内体育课方面效果佳；有的教练擅长对运动员进行身体训练；有的精通启蒙阶段的基础训练等。这些都可以形成一定的研究课题，或进行经验总结，探讨其中规律。

有一位农村小学体育教师经常在体育课结束时给体育成绩差的学生布置家庭作业，要求他们放学回家完成。一段时间后，他发现这些学生的身体素质有了明显的提高，而且对体育课的兴趣、积极性也提高了。于是，他针对农村小学生的特点和场地情况，精心设计了一整套小学生家庭体育作业，并采用实验对比的方法来验证家庭体育作业的实际效果。

（三）从理论学习中或别人的研究成果中受到启发，形成课题

某教练员从文献资料中获悉：世界游泳强国对游泳选手的培养，一般先采用较短的游距抓游泳技术和速度，然后再用较长的距离发展耐力、速度耐力。相比之下，他则一直先采用长距离发展耐力，然后再发展速度的训练安排。带着这样的问题他对8~10岁儿童不同游距训练安排进行了研究。他将每堂课总游距定在3000米左右，实验组以短距离为主，占总距离的70%；对照组以100米、200米的距离为主，也占70%。两组同时进行训练并经常检查训练效果。经过半年的训练，结果表明，用短距离多样化训练，有利于巩固和提高游泳技术，形成正确的动力定型。又如，有的教练员将所学到的“三论”知识运用到自己的训练工作中，用模式训练法训练标枪运动员的速度感等。

除上述三条选题途径之外，还可以由指导教师提出一些参考课题，由函授学员从中选择自己感兴趣的、又符合自身实际情况的题目作为研究课题。总之，在我们所从事的体育领域中，蕴藏着许许多多的研究问题，而且随着体育事业的发展，还会不断涌现出新的研究问题等待我们去解决。但是，“守株待兔”是不行的，要靠我们努力从实践中、从学习中发掘。为给大家选题时一些启发，特附上下列教学训练方面的征文范围和有关科研课提纲要。

附一：1993年全国学校课余体育训练论文报告会征文范围

1. 关于如何深化学校体育改革，加强课余体育训练，鼓励学校为国家培养更多的体育后备人才的研究。

2. 探讨在社会主义市场经济体制下，如何开展学校课余体育训练工作的研究。

3. 关于有中国特色、不同类别地区学校课余体育训练的组织形式、训练体系与管理的研究。

4. 关于学校课余体育训练的地位、目的、特点及功能的研究。

5. 关于学校课余体育训练与竞技体育、群众体育的关系研究。

6. 关于如何搞好学校课余体育、如何更好地为“奥运争光计划”服务的研究。

7. 关于如何搞好学校课余体育训练管理工作的研究。
8. 关于学校课余体育训练的比较研究。
9. 关于学校课余体育训练竞赛改革的研究。
10. 关于学校课余训练的项目布局、运动员年龄、训练手段等方面的研究。
11. 关于农村学校开展课余体育训练的研究。
12. 关于学校课余体育训练典型经验的研究。
13. 关于保证参加学校课余体育训练的学生全面发展的研究。

附二：上海浦东新区学校体育科研课题纲要

1. 中小学《体育与保健》课程标准实施研究。
2. 浦东新区中小学体质状况的调查与研究。
3. 对浦东新区学校体育设施器材的调查研究，及其对策研究。
4. 对体育课的考核。
5. 浦东新区中小学体育教师队伍现状研究。
6. 对浦东新区体育教师工作量的计算研究。
7. 对青年体育教师培养的研究。
8. 对中小学体育研究组建设的研究。
9. 浦东新区体育教育教学训练宏观管理体制的研究。
10. 体育教学中学生非智力因素的培养。
11. 体育社会化问题的研究。
12. 关于“课外活动课程标准”中“体育锻炼”内容、方法的研究。
13. 中小学卫生教育与保健工作的管理。
14. 中小学生营养状况现状调查。
15. 浦东新区学生近视眼原因及发病率的调查。
16. 浦东新区体育运动竞赛制度、组织、管理的研究。
17. 高中、高校招生加试体育的意义、做法、可行性、效果的总结。
18. 关于新体育教师上岗培训的意义、途径、内容、效果的总结。
19. 2000 年浦东新区中小学体育发展的战略目标及对策。
20. 加速提高浦东新区运动技术水平，提高体育成绩的研究。
21. 关于中小学施行《国家体育锻炼标准》的研究。
22. 适宜于中小学的民族传统体育项目。
23. 关于职业学校、农村学校体育方面的研究。

24. 浦东新区农村中小学体育现状及其改革。

25. 关于中小学体育场地、器材、设备、经费方面的研究。

26. 浦东新区中小学、职校体育场地、器材、设备、经费标准的分级分类问题及其可行性措施。

27. 简易体育器材及检测仪器的研制和推广。

附三:《运动训练学研究》论文报告会征文范围

1. 训练原则（确定原则的依据，训练中较实用的原则，当前普遍运用的重要原则进一步探讨）。

2. 项目特性和制胜规律（在运动训练中掌握项目特性的重要性、项目特性及其制胜规律的确定与把握）。

3. 训练安排（训练安排的一般规律，不同项目训练安排特色，对周期学说的探讨，大赛前训练安排等）。

4. 技术训练（技术在运动训练竞赛中的重要作用，掌握正确合理技术的规律与做法）。

5. 力量与速度（力量训练的目的与针对性，力量与速度的关系，速度在竞技运动中的重要性，如何提高速度）。

第二节　选题原则

一、需要性原则

需要性原则是指要根据体育教学训练发展的迫切需要来选择研究课题。课题在体育实践中的需要程度越高，课题的研究价值越大，也越有意义。课题的需要可分为实际应用的需要和理论建设的需要两大方面。例如，我国目前正普及九年义务教育，如何使学生在接受了完整的义务教育之后能成为终身体育者，是现阶段我国学校体育面临的重要问题。小学与初中阶段对参加体育活动感兴趣，对运动技术及体育理论知识掌握较好并在参加体育活动时有快乐情感体验的人，比没有这些体育经历的人，以后更有可能成为终身体育者。这一研究课题就较好地符合体育理论建设的需要，对形成如何培养终身体育者的科学理论做了有意义的工作。这类课题就属于针对体育运动训练需要的课题。在体育教学训练中有许多亟待解决的问题。如在运动训练方面，运动员运动机能的评价、训练后机能的恢复、心理诊断与治疗、运动技术动作的诊断、先进训练方法手段的应用、心理训练方法手段等等，而且随着体育事业的发展，许多新问题亟待我们去解决。能否敏锐地发现这些问题，取决于我们对体育实践的深入程度、知识面和信息占有量等因素。有人曾设想对排球运动员服装色彩对比赛的影响作用进行研究，众所周知，影响比赛胜负的因素有许多，我们不排斥服装色彩的影响作用，但相比之下作用甚微，那为什么不去研究那些影响大的关键因素呢？这其中就有怎样去遵循需要性原则的问题。研究课题只有针对体育事业发展的需要，才有价值，才有意义。

二、创新原则

体育科研的任务是认识前人还没有认识或没有充分认识的体育领域的本质和规律，为体育实践服务。体育科研的本质和规律也同其他领域科研的本质和规律一样，要为体育实践服务。因此，体育科研也同其他领域的科研一样，要求具有一定程度的创造性和新颖性，也就是说，体育科研课题应是前人没有完全解决的，否则它的价值和意义就不大了。例如，研究体育锻炼对人体机能发展是否有促进作用，该研究没有多大意义，因为已有大量的研究、众多的科学事实证明了它的积极作用，而且已成为人们普遍接受的科学结论，不再去研究人们也是这样认识的。

课题的创新性与课题价值的大小呈正比关系，在低层次上重复别人已进行过的研究，就失去了新意，研究价值自然不高。一般来说，创新性包括理论、观点上的创新，研究方法上的创新，将理论运用到实际中的创新。例如，《我国奥运选手成才训练过程的时间特征》揭示出，“我国男女选手从开始业余训练到首次参加奥运会一般需要 10 年左右的时间，且有明显的项群特征”。这一研究在运动训练学理论、观点上有所创新，对科学选材与控制运动员训练过程有重要的意义。有一位小学体育教师围绕小学体育教学改革，提出了“卡片”教学法，他根据体育教学的规律、特点、目的与任务，结合儿童的年龄特征和心理特点，把体育教学大纲的每一本教材，按照教材名称、教学重点、教学难点、教学步骤等 11 个环节，编写成独立完整的教材教法资料卡片。在教学时使用卡片和教学用表进行备课、上课，收到了很好的效果，创造了一种新的体育教学方法和备课模式。

科学研究是在前人研究和实践的基础上进行的，总是要有继承和借鉴。创新也并非要求一切都是前人未从事的，更不能要求每一个搞科研的人都要去开创一个全新的领域。从上述几个例子中可以看到，提出一个别人还没有研究过的课题是创新；用与别人不同的研究方法去研究一个别人已经研究过的问题，这也是创新；将一种理论、观点、方法首次应用到实践中，或将已经在某一领域成功应用的理论、观点应用到新的领域，仍然属于创新。

三、科学性原则

进行科学研究必定要讲其科学性。也就是说，课题的提出与研究应以科学理论和事实为依据，要符合事物发展变化的基本规律。如果在选题的科学性方面把握不好，那么无论你有多大的聪明才智，无论你多么努力，最终都只能是以失败而告终。历代帝王因为怕死，曾花费大量的人力、财力去研究想象中的长生不老药，但由于这违背了宇宙间事物新陈代谢的客观规律，始终不会成功。历史上曾有不少人研究不需消耗任何能量的“永动机”，也由于不符合能量守恒定律这一普遍真理，均以失败告终。在体育科研中，如此违背科学性原则的教训也是有的。例如，研究在少年儿童训练中如何采用极限强度、采用兴奋性药物、采用延长训练时间来提高运动成绩，以损害少年儿童的身心健康来换取运动成绩的提高，这违背了体育运动发展的基本规律，根本无科学性可言。不管这类课题如何有新意，研究如何严密，最终还是没有意义的。

四、可行性原则

可行性原则指所选择的研究课题应是研究者主客观条件所能允许的。这就要求我们在选题时要认真分析、全面衡量自己的主客观条件，在这一前提下选择那些经过努力可以获得成功的课题，切不可脱离实际。

从事体育科研的任何方向的研究，总是需要一定条件的。主观条件包括自身的理论水平、知识结构、能力、精力等。客观条件则涉及财力、物力、研究对象、仪器设备、协作条件、相关学科的发展水平等方面。不同研究课题所需要的主客观条件不尽相同，我们在选题时要认真加以分析。前面所提到的《我国奥运选手成才训练过程的时间特征》的研究，就涉及一个重要条件：掌握我国参加第 23 届、24 届奥运会 400 余名选手的各训练阶段的年龄材料，这就是课题在客观上的要求。这项研究在主观上要求研究者要精通运动训练的有关理论、较好地应用问卷调查方法，这对一个刚刚涉足体育科研的函授生来说，要求是很高的。如果在选题中自感不能适应时，即便此课题很有意义，也只能忍痛割爱了。

在把握选题的可行性原则方面，有许多可供借鉴的经验。例如，选题一般在自己所熟悉的领域中进行，发挥自身特长与优势；知识面广、基础较扎实者不妨进行跨学科的综合研究，以博才取胜；动手能力强、实践经验丰富的可进行应用研究；而基础理论扎实、思辨能力强的可进行基础理论研究；也可以几个人合作，取长补短、优势互补……这要求我们不仅要全面地剖析课题，还要认真地剖析自己。尤其要指出的是，函授生在毕业论文选题时往往存在选题太大的问题，原因是片面追求课题的价值，认为课题大其价值也大，而忽视了大的课题往往比较复杂，不易出成果。有的课题由于小而显得价值不大，但由于容易深入研究，往往会产生重要的理论或实践价值，有时并不比大课题价值低。

上述4条原则既有区别，又相互联系。在选题时要从整体上去把握它们，综合起来分析我们所选择的课题。作为一名刚刚涉足体育科研的函授生，宜选择一个研究范围较小、与自己工作有关的课题进行研究，以便成功地跨出体育科研的第一步。

第三节　选题过程

当人们提出一个科研课题后并不能马上就投入研究，还需要进一步分析课题的价值。提出课题仅仅是选题过程的第一步，从整个过程看，它还包括查询信息资料、课题系统化、初步确定题目和课题论证4个步骤（图3－1）。

提出课题初步设想是研究者思考的结果，尚停留在一个较为粗糙的水平上。至于这个课题有无研究必要，与别人已经或正在研究的课题有何联系与区别，还有待于回答。否则，贸然投入研究很可能重复别人已有的研究，或理论价值、应用价值很低。因此，在提出课题的初步设想之后还需经过以下几个环节。

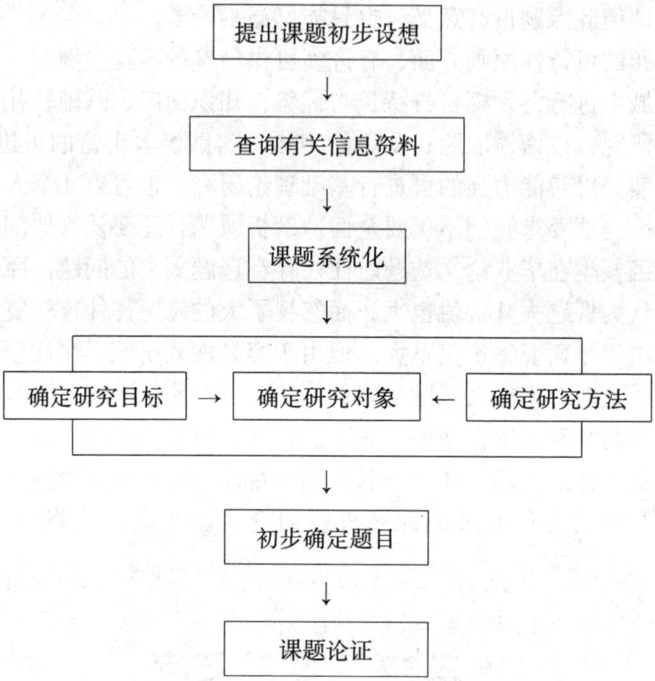

图3-1 选题基本程序图

一、查询信息资料

为了了解研究课题确立的必要性，在提出课题初步设想后，就应及时查询与此课题有关的信息资料。具体可通过这样一些途径：查阅有关文献资料，向自己的老师或有关专家请教，向有关机构了解情况，向实际工作者咨询等等。其中，查阅文献资料是至关重要的，也是十分有效的。文献资料包括书籍、杂志、报刊、论文集等。在查阅文献资料时要带着一些问题去进行，如本课题是针对当前教学训练中哪些迫切需要解决的问题提出的呢？前人是否进行过相同或相似课题的研究呢？取得了哪些成果呢？存在哪些不足呢？本课题在理论依据、目标、对象、方法等方面与他人相比有哪些不同呢？他人的哪些研究成果可作为本课题的依据或借鉴呢？

二、课题的系统化

在广泛查询信息资料的基础上，即有条件进入课题系统化阶段，这是研究工作中最为困难的阶段。选题是科研工作的关键，课题系统化就成了关键中的关键了。它常常花费比完成其他研究工作更多的时间和精力，对初次进行科研的人们更是如此。

在课题系统化阶段应完成以下三项任务。

（一）确定具体研究目标

一个很笼统的课题是无法着手研究的。例如，有人提出了“关于中学生自我锻炼能力的研究”这一课题，由于研究目标不具体、不集中，研究就有困难。在对这个问题所涉及的各方面进行分析后可以发现，由此可以衍生出许多不同的具体问题：（1）学生自我锻炼能力的操作定义、评价方法、评价标准是什么呢？（2）学生自我锻炼能力的现实水平如何呢？（3）影响学生自我锻炼能力培养与提高的因素有哪些呢？（4）学生自我锻炼能力的形成与体育教育的关系怎样呢？（5）学生自我锻炼能力培养的有效途径有哪些呢？

作为一名准备对学生自我锻炼能力培养进行研究的体育教师，只有当他明确要研究的具体目标是什么，研究工作才有出发点，才有条件去从事具体的研究工作。

（二）确定研究对象

任何体育科研课题总要涉及一定范围的研究对象，它通常与具体的研究目标相联系。研究对象的选择不仅影响具体研究方法的选择与确立，而且对研究结果与结论的准确性、可靠性造成影响。

例如，研究某一运动技术的特点，它的研究对象不能选择一般水平的运动员，而就以优秀运动员为对象，这样的研究结果则具有典型性，才有意义。又如，研究某教学方法在小学体育课中的实际效果，如果研究对象仅选择四年级的，或者运动能力、接受能力强的，或者上课认真、积极性高的学生，得出的结论只能适用于这一特定的研究对象范围，而不能推论到小学的各年级，这就与原来所确定的具体目标不相吻合了。因此，在确定研究对象时要注意以下两点：（1）要根据研究的具体目标来选择研究对象，而且要使之具有代表性。如研究运动员的肺功能特征，研究对象自然是运动员。但选择什么项目、运动训练年限、年龄、性别的运动员同样要根据具体研究目标来进行。（2）研究对象的选择既要科学，又要考虑研究工作可行性。例如，研究对象的数量问题，太少了不能说明问题，太多了工作量大则完成不了，这就有一个适度的问题。不同的研究方法对研究对象有不同的要求。这将在第三章中阐述，本章不再赘述。

（三）确定研究方法

研究方法的选择总是与具体的研究目标相关，同时受到研究对象的性质、特点的制约。研究方法是完成研究任务和达到研究目标的程序、途径、技术、手段或操作规则。它在很大程度上影响着研究的科学性。正确的方法可以提高研究的效率，提高研究成果的可靠性。研究方法不恰当或考虑不周，就会影响结果的可靠程度，甚至产生谬论。

在确定具体研究方法时，主要考虑以下几个方面：（1）采用哪一个或哪几个基本研究方法呢？（2）用什么方法手段去收集资料、整理和分析资料呢？（3）如何安排具体的研究程序呢？

例如，我们要研究“徒手跳深”与“负重深蹲”两种训练方法对发展弹跳能力的实际效果，那么在确定研究方法时就要考虑以下几点：（1）采取哪一类型的实验方法；（2）怎样对施加因素“徒手跳深”“负重深蹲”在具体操作方法上作出规定；（3）怎样控制无关因素对实验的干扰；（4）检查弹跳能力提高的时间、方法、手段；（5）采用哪些手段对所收集的数据进行整理分析；（6）整个实验过程如何作出合理、科学的安排。

三、初步确定题目

在研究目标、对象、方法确定后，就可以初步形成研究题目。定题目可以考虑两种形式：一种是研究一种特定领域或带有宏观研究性质的研究课题，此类研究的题目由两个要素组成：研究对象和研究内容。例如，《我院体育函授教育的回顾、展望及对策》，其中“我院体育函授教育”就属研究对象，“回顾、展望及对策”就属研究的内容；另一种是由三个要素组成的题目，如《间歇训练对短距离游泳运动员心血管机能的影响》，该题目由对象、施加因素（测试因素）、效果反应三个基本要素组成，在实验性研究题目确定时通常要反映这三个要素。在初定研究题目时就要力求使人对你所从事的研究一目了然，而像《篮球单手肩上投篮的几个问题》这样的题目，使人不知研究什么，也不知对象到底是谁。

四、课题论证

在课题系统化工作结束、研究题目初步确定后，通常要进行课题论证，使课题的设计更加科学、更加完善。体育函授学员的毕业课题论证，通常是向指导教师、向有经验的专家学者汇报该课题所涉及的各项内容。在研究的必要性和可能性、研究目标的恰当性、研究方法和程序的科学性方面，认真听取他们的意见，发现存在的问题及找到解决问题的途径和方法，并修改课题的有关内容。比较正式的课题论证形式是审题报告会。研究者在作审题报告时，重点讲述的问题有：国内外对该课题所涉及的领域的研究动态；本课题所确定的具体研究目标和预期结果；达到研究目的所采用的研究方法；研究中可能遇到的困难及自己尚无把握的问题等等。课题论证虽然要花费一些时间但是很有必要的，因为通过论证集思广益，研究的设计能更完善，以后的研究工作能更顺利。

完成课题论证后，选题过程就结束了。要指出的是，从提出课题的基本设想到课题论证的选题过程并非是机械的、固定不变的。在实际中，程序的各环节出现反复、交叉现象是正常的。例如，在课题论证时，大家都认为可行性很差，那也只能忍痛割爱，一切从头开始另选一个课题。又如，当你确定具体方法时，发现原来确定的研究目标不恰当而加以修改，或发现对研究方法设计无把握而重新查阅有关资料，去寻找更为合适的研究方法，这都不足为奇。

第四节　制订研究计划

一、制定研究计划的目的与内容

研究计划是选题结果的书面表达形式。它的目的在于明确规定研究范围和目标，具体规划整个研究进度，使研究者能有计划、有系统地实施研究，顺利完成研究任务。同时，也便于自己、指导者及管理部门检查工作的进展情况，实行课题全过程管理。

体育科研计划一旦确定，在实施中一般不应随意改变。但是，由于体育教学训练实践异常复杂，研究计划有时难以制订得十分完善，这就需要在实施过程中及时对原定计划作出某些修改或补充。

研究计划一般包括以下内容：（1）课题的名称；（2）选题依据（包括国内外研究动态、理论和实践的依据）；（3）研究目标及主要内容；（4）研究对象与方法；（5）预期的研究结果；（6）仪器设备与经费预算；（7）研究进程的安排。

二、体育科研计划示例

课题名称：篮球运动员选材指标与方法的研究

（一）选题依据

随着世界篮球运动的日益发展，科学训练的手段不断更新，各国运动训练的方法和手段的差别日趋缩小，相比之下，个人先天条件的因素则突现出来。特别是现代篮球运动向高速度、大强度、高空的优势及高度争夺、高超的技术、女子动作男子化的趋势发展。针对我国与世界篮球运动存在的差距，在坚持篮球科学训练的同时，做好科学选材，进行早期专项化的训练，为“冲出亚洲”赶超世界篮球运动先进水平打好基础。因此，进行选材方法和指标的研究，将为科学选材提出依据和参考数据。

国内外关于选材问题做了不少的改进，如《篮球运动员的形态特点与选材》《少年篮球运动员的选材》等文章，都各有独到之处。他们分别从人体形态、自然素质、神经系统、遗传因素等多方面做了不少的论述。总之，选材的方法和手段很多，本文不再重复，但必须指出的是，在篮球运动员选材的因素中，更为重要的是以下几方面：（1）年龄问题；（2）身高问题；（3）心脏功能问题；（4）性格问题；（5）肌纤维类型等。

（二）研究对象和研究任务

1. 研究对象

本文的研究对象为县体校男女篮球队、××区业余体校男女篮球队、××小学男女篮球队、××体工大队男女篮球队及退役的男女篮球运动员。

对上述四种类型的样本，不同年龄组均以 10 人为单位，总计 80 人。另外调查了 23 岁以上的普通健康人员 150 人。

2. 研究的主要内容及其任务

（1）通过对××体工大队男女篮球队及其部分退役运动员的调查访问和填写

调查表，并根据各年龄阶段的生理、解剖特点，确定选材的最适宜年龄。

（2）通过调查了解150名23岁以上的普通健康者的现有身高，并要求填写调查表，回忆自己在7～15岁时各年龄阶段的身高，以鉴定推广蒋冠林老师根据1979年××市身高增量情况所制定的未来身高预测方法，作为预测篮球运动员身高的依据。

（3）通过对××区业余体校篮球队、××小学篮球队的不同年龄组的学生进行60米机能试验，以鉴定沈阳体院黄庆兴老师所提出的60米机能试验方法的可靠性、实用性，作为选拔篮球运动员的参考依据。

（4）通过调查访问某校教练员、运动员，了解运动员的性格，并在理论上加以论证。

（5）通过部分运动员的100米、纵跳、立定跳远的测验，计算速度、力量和肌纤维的关系，以确定不同肌纤维对篮球运动员弹跳力的影响。

（三）研究方法

1. 本文采用查阅文献资料、调查、实验等综合性的研究方法。

2. 不同研究方法的设计如下。

（1）确定年龄指标方法的设计

①不同类型运动员填写《运动经历调查表》。

②对8～10岁年龄组少儿的生理解剖特点的分析。

③调查访问专业队、业余体育运动学校、小学篮球队教练员。

调查提纲：

a. 篮球训练与选材的关系，应从哪几个方面选材呢？从多大年龄选材最为适宜呢？

b. 进入业余体校后，篮球训练的进度安排及其内容顺序如何呢？

c. 全面身体训练和专项身体训练内容、时间是如何安排的呢？

d. 技术、速度、弹跳力等在哪个阶段（年龄）提高幅度最大呢？

（2）确定篮球运动员身高的预测方法设计

调查普通健康者23～25岁共计150人，请他们填写《身高调查表》，了解其7～15岁时期每一年龄的身高情况。

（3）关于测定儿童少年心血管机能方法的设计及其指标

仪器：1/30秒表和钟式听诊器。

方法：让被测者静坐10～15分钟后测安静时脉搏（10秒记测2～3次稳定

值)，然后进行60米全速跑，跑到终点时一人记录成绩，另一人即刻用听诊器直接置于被测者心尖区，5分钟后测每分钟的前10秒的脉搏，连续测3分钟。

(4) 确定篮球运动员具备的性格的方法设计

借鉴天津体院柴文袖老师运用Y—G性格检查法所测定部分篮球运动员的性格的结论，并通过调查访问有经验的教练员、运动员，了解性格对专项技术及临场技术发挥的影响，从而确定篮球运动员性格类型方面的最佳指标。

(5) 关于篮球运动员应具备的肌纤维类型的测试方法设计

①测定10名100米运动员（成绩在12秒之内）的纵跳、立定跳远成绩。

②测定10名篮球运动员（优秀级）的100米跑、纵跳、立定跳远的成绩。

通过分析确定速度和纵跳、立定跳远之间的关系及其肌纤维类型的比例关系，同时进行理论阐述，以确定其选材指标。

本研究将对调查访问、实验所获得的数据进行统计学处理。

（四）预期结果

本文通过调查、实验分析与逻辑推理，其预期结果如下。

1. 选拔篮球运动员的年龄，一般为：男8岁至10岁，女7岁至9岁。

2. 蒋冠林老师提出的预测身高的方法，可作为篮球运动员选材的预测身高的依据。

3. 60米机能试验可作为评定与预测篮球运动员心血管机能的指标。

4. 通过现有的资料研究，篮球运动员的性格可能为活泼型。

5. 根据篮球运动的特点，需要选拔白肌占优势的篮球运动员。

上述条件可为市、县教练对篮球运动员的选材提供必要的参考依据。

（五）经费预算（略）

（六）科研工作进度安排（略）

附：体育科研工作计划参考格式

科 学 研 究 工 作 计 划

题 目 名 称

____

题目执行者____届____班 ______________________

题目执行者所在工作单位 ______________________

题 目 指 导 教 师 ______________________

填表日期 年 月 日

一、本计划作为题目执行者开展工作的依据，请认真填写，字迹要清楚。
二、本计划一式四份，分别由题目执行者、指导教师、学校保存备查。
三、本计划在课题完成时应填写研究结果报告和成果处理意见，供审查与鉴定。

一、题目的目的意义

二、国内外研究现状和发展趋势

三、所要解决的主要问题和预期结果

四、研究对象和研究方法

五、各阶段研究工作的内容和日程安排

编号	工作内容	工作进度和完成日期	备注

六、其他：（包括经费预算，所需要仪器设置及协作单位等等）	
七、指导教师审核意见 签　名 年　月　日	
八、学校审核意见 签名（盖章） 年　月　日	
备　注	

研究结果摘要：
研究成果处理意见：
鉴定意见：

附 记

本章复习思考题：

1. 试述科学选题在体育科学研究中的重要意义、原则及途径?

2. 选题包括哪几个过程?

3. 试述制订研究计划的内容有哪些？结合自己的实际制订一份科研计划?

4. 在学术刊物上寻找一篇运动训练体育教学研究的论文，分析作者的研究课题是否符合需要性、科学性、创新性的选题原则？为什么？结合自己的主客观情况来判断其可行性如何?

第四章　科学研究方法

第一节　科学研究方法论概述

科学研究方法论主要探讨研究的基本假设、逻辑、原则、规则程序等问题，它指导研究一般思想方法或哲学。研究必须以一定的理论和方法为指导，但方法论并非统一的，方法论是与一定的哲学观点和学科理论相联系的，不同的理论学派、不同的学科有不同的方法论。

科学方法论是关于科学的一般研究方法的理论，它探索方法的一般结构，阐述它们的发展趋势和方向，以及科学研究中各种方法的相互关系问题。科学方法论有广义和狭义之分。狭义的仅指自然科学方法论，即研究自然科学中的一般方法，如观察法、实验法、数学方法等。广义的则指哲学方法论，即研究一切科学的最普遍的方法。20 世纪随着自然科学的发展出现了许多新方法，如控制论方法、信息方法、系统方法等，这些促进了方法论研究的高度发展，科学方法论愈来愈显示出它在科学认识中确立新的研究方向、探索各部门的新生长点、提示科学思维的基本原理和形式的作用。唯物辩证法是从人类的实践中总结和概括出来的正确的哲学方法，是科学研究的普遍的方法论。它对自然科学的一般研究方法起指导作用，并将随着科学实践的发展而发展。从科学发展的整个历程来看，科学方法论的历史形态有四种：自然哲学方法论、哲学方法论、逻辑方法论和理论方法论。

第二节　科学研究方法论体系

一、哲学方法——唯物辩证法

哲学方法——唯物辩证法、系统方法等都是哲学方法。哲学不仅是世界观，也是思想方法论。哲学方法不仅适用于自然科学，也适用于技术科学、社会科学和思维科学，是最高层次的科学方法。虽然它常常表现为概括的、抽象的、一般的理论，不能具体地、直接地回答科学问题，但是它可以指示思维的方向，引导人们正确地解决问题、完成研究任务，使人不走或少走弯路，有着广泛的适用性。自觉地运用正确的哲学方法，能提高科学研究活动的效率，使科学研究活动取得成功。

二、“三论”方法

现代科学技术的发展，一方面逐步分化，愈来愈在狭窄的范围内进行研究；另一方面，又出现了各门学科相互渗透、彼此交叉，趋于综合发展的趋势，而且综合发展的趋势越来越占主导地位。因为现代科学技术上的许多问题需要多种学科联系起来共同研究才能予以解决，而各门学科在共同研究问题时需要有一些共同语言、概念、思路和方法，控制论、信息论和系统论就是适应这种科学技术发展的需要，迅速发展起来的、横跨多学科的、综合性的方法论科学。

20 世纪 40 年代兴起的控制论、信息论和系统论，各自从不同的侧面揭示了自然、社会和思维领域之间许多现象的联系及其一致性，从而具体地论证了世界的物质统一性。控制论、信息论和系统论在研究方法上与传统的近代科学方法相反，它们不是把复杂的系统分解成规律的元素，而是把复杂的系统作为一个整体，从整体上去研究，从结构、功能、过程、层次等方面去探究规律。它们为现代科学技术的发展提供了新思路、新方法，沟通了自然科学、社会科学、思维科学之间的联系，成功地把定量分析的方法引进了各门学科，使科学研究的方法产生了新的飞跃。

控制论、信息论和系统论三者是相互联系的，其中的概念、原理、规律是相互渗透的。系统论是把研究的对象视为完整的、有机的系统，从整体的结构与功能上研究问题；信息论是从信息的获取、转换、传递、储存的过程来研究系统的运动规律；控制论是从控制的角度去研究在各种控制作用下一个系统的运转规律，控制系统如果离开了信息，也就无法实行控制。所以从广义上来说，控制论、信息论和系统论都可以统称为系统科学。它们的核心是系统。在研究系统问题时，从信息传递的观点来研究，就是信息论的问题；从控制的观点来研究，就是控制论的问题。它们是相互联系，不能截然分开的。

三、各种具体的科学研究方法

科学研究的具体方法分为两类：一是资料收集方法；二是资料分析方法。

- 资料收集方法
  - 问卷法
  - 访问法
  - 观察法
  - 量表法与测验法
  - 实验法
  - 文献法
- 资料分析方法
  - 统计分析法
  - 数理分析与模拟法
  - 比较法
  - 构造类型法
  - 理论分析法

第三节 文献资料法

一、文献资料法的定义及其作用

在严格意义上文献资料法并不是一种资料收集方法，而是一种研究方式——既包括资料的收集方法又包括对这些资料的分析方法。它与其他方法有一个显著的不同——资料来源不同。它不是直接从研究对象，即人那里获取研究所需要的资料，而是去收集和分析现存的、以文字形式为主的文献资料。

体育文献是体育科学研究成果的结晶。不仅在空间上，而且在时间上，体育文献都是记录、传播体育知识和信息的最真实的手段。任何一份体育文献，一旦成为体育文献流的一部分汇入体育文献的总体，那么，这份文献便具有了新的性质，作为体育知识宝库的一分子而成为人类精神文明的宝贵财富。

文献可提供丰富的、与科研课题有关的资料。查阅文献的作用在于：（1）了解以往的研究成果。一项研究应建立在前人成果的基础上，这样才能保证科学的连续性和继承性，避免盲目性和重复性研究。（2）了解与研究课题有关的各种理论观点和研究方法。研究者通过对现有理论、方法的借鉴和批判，可选择新的研究角度或研究手段，并确立本次研究的指导思想和理论假设。（3）了解研究对象的社会历史背景。通过收集所研究地区的社会、历史、经济、政治、文化等方面的文献资料，可得到大量有价值的信息，它们不仅有助于周密的研究设计，而且它们本身也可供研究和分析。许多优秀的研究成果都是依靠对历史文献和个案文献的分析完成的。

二、运用文献资料法的基本环节

文献资料工作有其自身的工作步骤，了解并遵循这些步骤，有利于收集、整理和利用文献，做到省时省力，事半功倍。一般说来，文献资料工作应先分析研究课题的背景情况；然后仔细查阅相关的文献资料；最后，通过对资料的综合分析写出对研究课题的综述性文章。

三、各环节的基本内容与要求

（一）课题背景分析

一般来说，研究者是在掌握一定知识的基础上，在广泛阅读相关专业书籍和刊物，了解有关研究的现状和发展趋势、应用前景等前提下，依照科研条件、自己的兴趣和研究方向等因素确立课题。研究者对研究课题的大致背景情况比较清楚，甚至已经占有了一些资料。此时，只要研究者对已掌握的基本情况进行深入分析就可为查找未知文献提供线索。此外，当研究课题属于承接或指派的课题时，对此课题内容了解不够全面或没有掌握多少资料，则首先应花费一定时间和精力，根据课题的主题内容和大致方向进行较广泛的阅读，以掌握其背景情况，然后再做深入分析以寻找较明晰的线索。这一阶段大多采用“略读”的方法纵览文献资料的概况。

对背景情况要从以下几个主要方面进行分析：（1）主题内容的分析。根据课题确定研究的性质和范围，分析文献可能刊载在哪些刊物上；若主题属多学科或交叉学科，则分别列出多学科和交叉学科的具体科目和所涉及的范围。（2）课题相关领域研究的发展状况分析。通过分析课题的相关领域发展状况，了解在该领域发展较快的国家、地区和部门，了解在这些领域有哪些知名的专家和重要的研究等情况，从而形成以某国、某专家为对象的查找线索。（3）文献类型分析。对所需文献的类型进行分析确定，然后依类型查找相应的检索工具。例如，一般图书可查各种卡片或书名目录；论文或研究报告，可查期刊篇名目录；器材设备等，可查专利目录；运动成绩或数据，可查有关工具书等。此外，体育科研中还可分析某项技术的起始年代、大型运动会情况，从中寻找检索途径。对课题背景情况分析后，应制定合理的检索方案，包括确定检索工作的步骤、选择检索工具、拟定检索方法等，保证有目的、有计划、有步骤地开展文献资料工作。

（二）查阅文献资料

确立了检索文献的方向和方法后，要按检索方案进行检索工作，深入查找有关文献，仔细阅读，并注意摘录和积累。阅读文献资料要有具体目标，明确要获得什么知识，要解决什么问题。一般最好先看序言、内容提要，根据需要再深入阅读正文和有关图表，同时注意了解书刊著者、出版单位、时间、版本等基本情况，对概念、定理、定律、方法、结论等应重点理解和注意。阅读文献要充分发挥理解力、记忆力和想象力，对主要论点和其他重要内容要及时做好摘录备忘工作。

在阅读文献资料时，思维活动不能漫无目的，要有一定的指向性。因此，需要注意阅读时的思考方法。在体育科学研究中，一般采用以下四种阅读文献的思考方法，可供参考和借鉴：（1）觅弱法：即在阅读文献资料时，专挑别人研究中出现的空白或漏洞，发现问题，并以此作为研究的瞄准点进行探索。（2）借鉴法：就是将其他相关学科或其他项目的理论和方法应用到体育或某一专项领域中进行研究，以开拓研究视野。体育学科在一定意义上讲是一门综合学科，运用其他学科的资料或方法研究体育，有助于体育学科的发展。因此，这一方法对体育科学研究是十分重要的。（3）引申法：通过阅读参考文献，吸收别人若干理论成果，进而在自己的研究领域引申推广。（4）综合法：大量阅读参考文献，总结各文献内容要点，然后将属于同一领域的文献归纳在一起进行综合分析，以把握某一领域的研究现状和趋势，找出突破口进行深入探讨。

（三）阅读文献的一般要求

1. **精读与略读相结合**。对设计研究课题的重要专著、论文及其中的重要内容、观点、原理与结论，需进行精细、精心的阅读，并同时做好各类读书笔记，这是研究课题获取主要参考材料的途径。而对研究课题联系不多的文献资料，则只需粗略阅读、浏览即可，或了解一般情况或启发思路，或从中搜集个别例证与数据材料。即使同一本、同一篇论文，篇幅很多，也有精读与略读结合的问题。

2. **阅读与理解、记忆相结合**。在阅读原始文献中，既要力求弄清原文的要点、实质、特点与成果价值，又要带着自己研究的问题去积极思考，对比联想、启发思路，激发智慧火花，就可能在阅读过程中产生一些清晰的观点、构想，为研究问题提供有创意的假说，或修正事先提出的某种假说、研究方案与方法手段。同时，阅读文献阶段的深刻理解与记忆，还有助于之后对文献资料的加工和撰写论文的分析运用。

3. 掌握阅读科技文献的一般程序。对学术专著、教材或学术论文资料可首先从内容简介、序言或论文摘要开始阅读。先初步了解其内容概要与结构轮廓，然后决定是否再读或精读与略读。如需再读原文，可先精读论文结论、重点章节与研究方法这些部分，然后根据情况再读全文或部分内容。

四、撰写文献资料综述

文献资料综述是研究人员积累加工和利用资料的创造性劳动成果，是将分析研究资料过程中获得的基本观点与评价，按问题系统地、书面地表述的形式。它既是对所获文献资料有目的地综合与概括，是阶段性研究成果的体现；又为进一步验证假设，全面研究问题和形成科学理论做好了重要准备。另外，还可为导师的指导工作提供参考。好的文献综述本身就是科研成果的一种形式。

文献综述有两种形式：一种形式是对已掌握的文献资料提炼要点，写成提纲式综述，供自己在科研活动中参考，这种综述可融入自己的观点和思想，并可加以引申；另一种形式则是在全面掌握有关领域的科研文献后，找出其共同特点和规律，并分析尚未取得一致研究结果的可能原因，将其精练成综述论文，在相关刊物上发表，为后续研究者铺路垫石。

（一）撰写文献综述的基本要求

文献研究的结果，既可以使我们在一种与先前研究稍微不同的框架中重新安排自己的研究，也可以帮助我们探讨这一问题的一些新的方面。在评论已有文献的工作中，不必逐一评论与所研究的问题有关的每一项研究。因为这样的研究相当多，要做到这一点，既不必要，也不现实。那么，如何选择进行评论的文献呢？可以考虑下列几个方面的因素：（1）根据所研究的变量、所使用的样本类型、所根据的理论框架与自己的研究相似的程度来选择。（2）根据发表的时间来选择。在其他方面的情况差不多时，越近的研究越有用，因为它应已经考虑了更早一些的研究。这种原则来源于科学的累积性质。（3）根据研究者在该领域中的影响及是不是重要的权威来选择。这是因为，在每一领域中，总有一些研究者具有一定的知名度和一定的学术声望。这种知名度和声望常常使得他们的研究比那些较不知名的研究者进行的研究显得更为重要。但是，这种考虑实际上也存在着一种偏见和形而上学的观点，因为所有知名者都是从不知名走过来的。因此，最重要的不是看名声大小，而是看其实际研究的质量高低。（4）不要选用那些虽然涉及所研究的问题，但对自己的研究毫无具体意义的文献。

文献评论的写作要进行精心的组织和安排，不能只是简单地将有关文章的摘要重述一遍，更不能将别人的文章逐句地写进文献评论中。正确的方法是：先仔细地阅读每一篇有关的文章，寻找那些与自己的研究紧密相关的部分，然后依据这些材料做出评论。要做到：全面收集、细致阅读、准确理解文献资料；综述论点明确、语言精练、高度概括；对文献综述中所涉及的基本理论、方法、观点等内容要注明出处，对自己的看法也应标明，引用的参考文献要按要求详细列出，以便读者参考查阅。

（二）文献资料综述的内容结构

1. **前言。**前言简要说明综述的主题、问题范围与基本概念。

2. **综述主体，综合叙述问题。**综述主体是将主要观点与相应内容材料，按一定的逻辑层次，系统地展开综合叙述、分析与概括。所叙述的体系结构尽可能与研究的主要问题相对应。在表述时应注意：（1）综合与概括资料的全面性、客观性；（2）以观点、问题为纲（体系的框架）展开综述，用充分确凿的文献资料去说明论证观点，做到观点明确、问题清楚、概括简练、材料内容丰富可靠，避免干条式、无内容、缺材料的综述，或无概括、无观点、无层次的堆砌材料；（3）突出中心问题的综述；（4）对不同学派、观点的评价，对前人成果的总结，要历史地、客观地、全面地说明，避免个人偏见，避免实用主义、断章取义；（5）引用材料要力求代表性、针对性和准确性。

3. **小结部分。**小结是对全文进行概括总结，文字简短。

4. **参考文献目录。**

第四节 调查法

一、调查法的定义及其作用

调查法是通过对某一对象的直接接触、访问、现场观察（考察）及间接了解、询问等形式获得事实材料的一种研究方法。这种方法可在比较短的时间内有效地获得大量所需要的资料，并可使调查者加深对研究对象的认识。调查法作为社会科学研究的行之有效的基本方法，在体育科学研究中运用很广。

二、调查法的特点

1. **基本上不受时间和空间的条件限制，而间接地研究某一问题。**在实践中，不可能直接观察到全部现象，也不可能全都用实验法进行研究。如研究学生的思想道德状况、师生的关系、家长对孩子的教育及学校教育如何为社会服务、社会如何参与学校教育等等，一般均可采用调查法，通过间接地掌握实际情况（或材料）去研究、解决这些问题或现象。

2. **可以通过多种手段收集材料。**采用调查法，收集资料的手段多、速度快，涉及人数和问题的范围广。它可以通过访问、座谈、问卷、测验等多种手段向熟悉研究对象的第三者或当事人了解情况，也可以通过测验、收集书面材料等途径了解情况，掌握现状。

3. **简便易行。**调查法是在自然状态中进行的，它主要通过考察现状收集资料进行研究，而不是像实验法那样通过控制实验因素的方法进行研究，所以调查法比较简便易行。

4. **可以对客观的现象（或现实）进行描述和解释。**某些现象是无所不有、复杂多变的，要研究它，就得进行调查研究，变复杂为有序、变模糊为清晰，在头脑里形成一个整体概况，以便进行正确的评价与判断。

由于调查法具有上述特点，因此可采用它去研究范围较广、涉及面较大、时间较长的现象，但它也有一定的局限性，即只能揭示事物之间的某种关联（相关关系），而不能可靠地揭示事物之间的因果关系。

三、调查法的分类

（一）按调查对象的范围和特征分类

1. **普遍调查**。普遍调查（又称全面调查），是指对某一范围内的所有被研究对象无遗漏地进行全面调查。这种调查可以是全国性的，也可以是地区性、单位性的。其特点是调查对象的整体性、调查资料的完整性以及调查结果的直接性与普遍性。如体育普查、健康检查等。

2. **典型调查**。典型调查（也称个案调查），指对特定的有代表性的单位、现象或人群所做的调查。从调查个别事物入手，研究同类事物的共同本质特征。其特点是调查范围小而深入，其结果具有说明一般、指导全局的作用。如研究独生子女参加体育锻炼的问题等。

3. **抽样调查**。抽样调查，是指从调查对象的总体中随机或非随机抽出部分（一定数量的样本）进行调查，达到了解总体的目的。其特点是节省人力、物力、财力和时间并能反映总体。这一调查方法在体育科研中应用得最为普遍。

（二）按调查时序和性质分类

1. **现场调查**。现场调查（或瞬时调查），指对当时正在进行的某种体育活动做现状调查。这种调查可获得较及时、客观、准确的第一手资料。例如，教学、训练及比赛中的临场调查等。

2. **回顾调查**。回顾调查（或寻因调查），是指针对某一现象的出现追溯其原因的一种总结性的调查方法。这种调查方法又可分为“热”调查和“冷”调查两种。“热”调查指的是对出现良好结果作正面的总结性调查。如对优秀体育教师成长过程的调查研究，或对教学、训练成果、运动成绩提高的各种因素作用的调查等。“冷”调查主要包括两个方面：一是就出现的问题进行针对性的调查，找出问题发生的原因，提出改进措施和对策，如某项运动中出现损伤的原因的调查与分析；二是就某项决策的执行情况对执行者或单位进行调查，如《暂行规定》的检查验收工作等。这种调查不仅有针对性、省力、见效快，而且对需调查的内容也容易把握，便于归纳和推广。

3. **追踪调查**。追踪调查（或称发展趋势调查），是对调查对象进行较长时间的追踪（阶段性或周期性）并分析其变化，通过调查探索某种规律、特征和发展趋势，如对学生身体发育、运动员选材、体育教学效果等的追踪调查。

（三）按接触调查对象的方法分类

1. **直接调查。**直接调查指调查者与调查对象直接接触（现场调查、测量、访问或座谈等）获得资料的方法。

2. **间接调查。**间接调查指调查者与调查对象通过资料、书信、电讯、音像等中介进行的调查，从而获取资料的方法。由于通过中介所获得的是第二、三手资料，故需谨慎分析。

四、调查法运用的基本形式

（一）会议调查法

会议调查法也称集体访问法，是由调查者亲自或委托他人召集若干人参加会议，依据事先准备的调查提纲，提出问题进行座谈，收集座谈中的各种观点和看法的一种调查法。

（二）个别法

个别访问法是调查者直接向被调查对象询问有关情况的一种直接获得需要资料的调查方法。一般在访问时多采用两种形式：一种是以调查者的身份出现，可以按拟定的提纲或问卷顺序发问，而且当场将谈话情况记录下来；另一种是自由交谈式，这种方式比较随和，不受拘束（有时还需隐瞒自己的身份，对调查更为有利），往往可以达到言者无心，闻者留意的效果，但谈话的内容需要事后追记。

（三）书面调查法

书面调查通常包括文献资料的搜集和问卷调查两种。文献资料的搜集通常贯穿于科研活动的全过程，也是科学研究的基础和前提；问卷调查是要求被调查者按设计的问卷进行书面回答的一种调查方法。这种方法在体育科研领域运用十分广泛。

（四）专家调查法

专家调查法是一种以问卷形式征询专家意见的现代预测研究方法。

五、调查法的运用设计

（一）确定调查题目

确定调查题目是调查工作的起点。

（二）明确调查的目的和任务

每次调查都应具有明确的目的性、针对性，也就是通过调查要搜集什么资料、要解决什么问题、要提出具体任务。每次调查应围绕一个研究中心，要把所有的调查、测量的项目都贯穿起来。否则，盲目的调查或测量所获得的资料将是一堆无用的文字和数据。

（三）确定调查对象和范围

有了明确的调查目的，就要选择确定研究的总体，即调查对象、调查范围，通过总体才能获得调查预期指标的代表性。

根据调查研究的任务去选择与确定总体的样本，而且这个样本要代表总体的特征。根据研究的性质可采用不同的取样方法，如采用典型调查就要有目的、有标准地选择样本。如果是现场调查、前瞻性调查等，则应采用随机抽样的方法。

（四）确定调查的时间

确定调查的时间，即整个调查过程及其准备阶段、实施阶段、资料的整理与总结分析阶段，三个阶段的起始与结束日期安排好，以确保调查任务的完成。

（五）确定调查的内容和方法

调查的内容是根据调查的目的任务围绕课题的中心，确定需要调查的具体事项；调查方法是为完成调查任务而选定的具体方法与方式，如会议集体调查、个人访问、问卷、实验、文献资料、测量或测验等等。任何一项调查方法都包括调查表、问卷表或调查提纲，使其调查内容具体化和标准化。

（六）统一调查标准和方法

体育科学研究中，统一调查标准、规格和方法，直接关系到调查效果的准确性。所以在调查设计中，对调查内容规格、项目指标的标准和方法的程序都应做出具体明确的规定。

（七）调查资料的整理

（八）调查组织计划

调查组织计划包括调查集体的组织，如何取得被调查单位的支持与配合并做好调查前的准备工作等。

第五节　专家调查法

一、专家调查法的定义及特点

专家调查法又称专家咨询法，它是指就某些问题（如方案、问卷、量表、研究指标等）向有关专家进行咨询调查，以对这些问题进行高层次、专业性的评价、预测与判断，从而获得客观可靠意见与信息的方法。

专家调查法有如下特点：（1）调查范围小，容易进行，拟请专家数量一般为15～50名；（2）调查的对象（专家）均是按一定要求聘请的较高层次的专业技术人员或学者，有丰富的专业技术知识与工作经验，因而能确保调查结果的可靠性、权威性；（3）特殊要求的方法，可使专家充分发表意见，避免常规调查中的某些误差，使调查结果具有真实性和科学性；（4）适用范围较广。可用于对事物发展的预测判断、方案评价、指标筛选论证、问卷检验、产品择优等。因而，其调查结果既可直接作为研究问题、检验假设的依据（发展预测、方案评价等），又可为常规调查法提供方法、手段的依据（如问卷检验、指标标准的优选论证等）。

二、特尔菲法

特尔菲法是分别依靠有关专家的知识经验和判断能力，采用系统的逻辑方法和匿名问卷的形式，请专家分别对事物进行评估、判断分析，以期最后获得一致意见的调查方法。

“特尔菲”一词来源于古希腊神话传说。相传太阳神阿波罗在古希腊的特尔菲（地名）杀死了派桑巨龙而后成为此地的主人，因他能准确成功的预测未来而受人们的崇敬。后来，特尔菲城市建有阿波罗供人们预测吉凶，使特尔菲逐渐成为神谕之地。

最早提出和使用这个方法的是美国著名的综合性咨询企业兰德公司，它被称为美国最有影响的现代思想库－思想公司。“兰德”（Rand）是英文“研究与发展”的缩写（Research&Devolopment）。1946 年由美国著名流体力学专家冯·卡门建议美空军实施“兰德计划”，1948 年改为“兰德公司”，由当时国内一批杰出的自然科学家和社会科学家组成。它主要研究内外政治、经济、军事、安全、教育、民族、人口等综合性问题。公司有工作人员 1100 多人，其中获博士学位者占 35%，获硕士学位者占 34%，另外每年有 150 多位顾问，它是世界上实力最雄厚的“头脑公司”。前美国国务卿基辛格曾是兰德公司的重要成员。

兰德公司在 20 世纪 50 年代与另一家道格拉斯公司协作研究如何有控制地反馈收集专家意见时，以“特尔菲”为方法代号，并由于最先用于技术发展预测成功而著名，后来这种方法在世界上广为流行运用。

特尔菲法的特点是：（1）在向专家调查时，采用专家相互隔离的匿名填答问卷的形式，使各位专家互不通气，以消除专家在心理、知识、经验、权威上的相互影响，使个人能充分独立地发表意见。（2）系统设计的轮回调查方式（3 轮～5 轮），使调查在几轮的反复中多次综合，多次反馈，既充分集中了主要专家意见，又不排除少数意见（要求少数专家阐明原因并如实反馈给每轮参与调查的专家；排除常规调查中一个答案的各种误差）。（3）对每一轮调查结果，研究者（或组织者）要采用一定的统计方法进行统计处理，最后的结果力求转换为定量估计值，以获得对问题的准确定量评价与判断。（4）在反复轮回调查中，需向每一位专家提供上一轮调查统计结果，以供每位专家在逐轮的独立分析评价时，又具有多种参考信息，进而提出客观意见。如此几轮调查后，专家意见大多趋于一致，调查结论的可靠性较高。（5）特尔菲法也存在方法的局限性。如果选择专家的质量与数量不妥，将影响调查结果的可靠性与准确性。另外，这种方法还存在工作量较大、组织较困难，对一些创新、探索性课题不一定奏效的问题。

三、层次分析法

层次分析法（AHP）是将与决策总是有关的元素分解成目标、准则、方案等层次，在此基础之上进行定性和定量分析的决策方法。该方法是美国运筹学家匹茨堡大学教授萨蒂于20世纪70年代初，在为美国国防部研究“根据各个工业部门对国家福利的贡献大小而进行电力分配”课题时，应用网络系统理论和多目标综合评价方法，提出的一种层次权重决策分析方法。这种方法的特点是：在对复杂的决策问题的本质、影响因素及其内在关系等进行深入分析的基础上，利用较少的定量信息使决策的思维过程数学化，从而为多目标、多准则或无结构特性的复杂决策问题提供简便的决策方法。这种方法尤其适合于对决策结果难于直接准确计量的场合。

在现实世界中，往往会遇到决策的问题、如何选择旅游景点的问题、选择升学志愿的问题等。在决策者做出最后的决定以前，他必须考虑许多方面的因素或者判断准则，最终通过这些准则做出选择。如选择一个旅游景点时，可以从宁波、普陀山、浙西大峡谷、雁荡山和楠溪江中选择一个作为自己的旅游目的地。在进行选择时，所考虑的因素有旅游的费用、旅游地的景色、景点的居住条件和饮食状况及交通状况等。这些因素是相互制约、相互影响的。我们将这样的复杂系统称为一个决策系统，这些决策系统中许多因素之间的比较往往无法用定量的方式描述，此时需要将半定性、半定量的问题转化为定量计算问题。层次分析法是解决这类问题的行之有效的方法，层次分析法将复杂的决策系统层次化，通过逐层比较各种关联因素的重要性来为分析、决策提供定量的依据。

第六节　观察法

一、观察法的概念和意义

所谓观察，是指人们通过感觉器官或借助科学仪器有目的、有计划地去感知和描述外部各种刺激，从而获得经验事实的过程。一般的观察尚不能说是科学的观察，科学的观察不是单纯地运用感官的观察，而是借助一定的科学仪器或手段去考察、描述和确认某些现象，是在一定的思想或理论指导下，有目的、有计划、主动的观察。科学的观察是从对研究对象的考察、描述过程中，综合、分析出事物运动的客观规律性。观察法是科学研究获得感性材料必不可少的环节。通过观察获得各种事实和材料是体育科学研究中最基本的方法。

二、观察法的基本特点

（一）观察是在事物自然发生重复出现的情况下进行的。在观察过程中研究者对观察对象不施加干扰，控制条件下进行观察。

（二）观察是一种具有能动性的感性的认识活动。观察是通过人的感官及仪器去直接认识观察对象的活动，它能记录、报告、思考观察的事实。但观察不是被动和反射式的活动，在观察的过程中，必须要伴随着能动的理性思维活动，得到的研究结果才能为后来的研究提供有效的经验事实材料。

（三）观察不是一种盲目的搜索或简单反应的运动，而是具有明确的目的性和计划性。因此，需要根据研究课题，预先确定观察的对象、任务、角度、范围、步骤及要求等，才能完成科学观察的任务。

三、观察法的基本类型

（一）定性和定量的观察

从观察描述的结果来看，可以把观察法分为定性观察和定量观察。

1. 定性观察。就是区分和确定客观事物所具有的性质，即在事物的变化发展过程中，何时、何地、发生什么现象，具有什么性质和特征及该现象和其他现象有何等联系内容。例如，观察到一个体操运动员后手翻的动作技术，而不是其他的手翻动作，即后手翻技术就是动作的性质。又如，观察空翻动作及球类运动员不同的战术等，都能反映存在着质的差异。在体育科研中，定性观察就是对这些不同性质的技术、战术、动作姿势及其他行为等进行观察，从中发现它们的联系与区别，这对深化认识具有更重要的作用。

2. 定量观察。就是观察事物在发展过程中数量的变化。在量的观察中，不仅要确认事物的性质，还要确定事物的数量、强度、历时长短等内容。因此，量的观察是在定性观察的基础上进行的，是定性观察的进一步深化。通过量的观察确定了某些数量特征后，才能更深入地认识研究的现象。例如，在中长跑比赛中，除观察运动员的基本技术情况外，还须经常记录运动员 200 米、300 米或 800 米等段落的速度变化、步长变化等数据；又如，观察跳远比赛时，除观看技术情况外，还要经常统计起跳成功次数及助跑速度、最后几步的步长变化、起跳的准确程度等数据。

这种量的观察最能提供具有说服力的研究证据，是体育科研中最常用的观察方法。

总之，随着人们认识能力、观察水平的提高，观察的方法从定性向定量发展。对观察事物能够做定量描述，表明了人们从认识事物的特性向更深层次的本质方面发展。

（二）直接观察和间接观察

1. 直接观察法。直接观察法是指研究者亲自到现场用感官直接观察取得研究资料的方法。它包括现场观察、现场技术统计等观察形式。用感官能够直接作用于所观察的事物，观察的结果较为准确、快速，因此，这种形式被广泛地运用于体育教学和训练、体质测定等方面的研究。

直接观察也有其局限性，它受到人们观察能力的限制。因此，观察的内容和范围受到了影响。

2. 间接观察法。间接观察法是指借助仪器或借助别人的直接观察所取得的材料，对研究对象进行间接的观察分析的方法。随着科学技术手段的发展，间接观察的范围和精确性不断提高，间接观察正在成为体育科学观察研究的主要手段。例如，过去对运动技术的分析只能使用摄影和拍摄电影技术图片的方法，由于高速摄影技术的出现，研究人员的观察分辨能力提高了数百倍。因此，由直接观察向间接观察发展是科学研究的必然趋势。

此外，观察法还可以分为有意观察、连续观察、长期观察、比较观察和追踪观察等类型。

四、观察法的基本程序

（一）观察前的准备工作

1. 预备性观察。预备性观察要先做粗略的调查和试探性观察。预备观察的目的不在于搜集材料，而在于掌握观察对象、环境、方法等方面的基本情况，以便能正确地制订整个观察过程的计划。例如，先大致了解学生的基本情况、场地条件、达标情况及健康状况等，以便为进一步观察做准备。

2. 确定观察的目的和范围。根据研究任务和研究对象的特点，考虑需要搜集什么材料、弄清什么问题，然后明确地确定观察的范围。如果范围不明确，观察便不能集中和深入。另外，还要注意观察的范围不能太大，一般应围绕一个中心，不能有几个中心。总之，在观察前先明确观察的目的、中心、内容和范围，做到心中有数。体育科学研究中，观察法的应用范围较广，但通常应用于以下几个方面。(1) 对运动员训练或比赛中技术上存在问题的观察；(2) 对运动员心理特征，训练态度的观察；(3) 对运动员赛前训练及赛前准备活动情况的观察；(4) 对学生学习动机、态度、效果的观察；(5) 比赛中战术运用成功率的观察统计；(6) 针对某些专题或初步的设想，对运动实践规律性的观察；(7) 对不同运动负荷后所产生的训练效果的观察；(8) 通过观察，检验教学或训练理论的可靠程度及适用范围；(9) 运动项目教学步骤及教学方法运用效果的观察等。

3. 观察计划。制订观察计划是观察准备工作的重要环节。观察计划应根据研究的目的、任务及研究对象的特点、性质，经过深思熟虑制订，除了应明确观察的目的、中心范围及了解什么问题、搜集什么材料之外，还应对整个观察过程、观察次数、每次观察的延续时间等做出详细计划，即对每次或每段观察提出观察提纲，以便观察者明确每一次观察工作的目的、任务和基本要求。观察提纲要说明本次观察要解决哪些具体问题，从哪些方面进行观察，采取哪些具体措施及观察的要点和注意事项等等。由于观察研究往往在自然的情景下进行，各种因素的变化和影响较大，因而细致、周密的观察计划非常重要，它可以使研究者避免干扰，搜集到有用的资料，顺利完成研究任务，达到研究的目的。

4. 准备观察的用具。观察前还要准备好观察所需的用具。如准备观察记录的表格、需要使用的仪器等等。为了迅速、准确和有条理地记录观察到的事实材料，以便日后核对、比较、整理和应用，可根据观察现象的特点及观察的具体任务，设计适宜的记录表格。同时，为了使记录更迅速简便，可以创造一定的速写符号来代表经常出现的活动或事物，以提高观察的效率。对所需的仪器要事先调试好，并掌握其操作使用的方法，如使用摄像机进行观察时要熟悉其使用的方法。

5. 统一观察的标准。为了便于衡量和评价各种现象，要尽量采用数量化的指标来表示所观察到的现象，以使观察的结果可以核对、比较、统计和综合。在观察前，还必须全面考虑和制订统一的观察标准，以便在整个观察过程中使用。不同的研究项目可以制订不同的标准和单位，但在同一个研究中观察的标准和单位要统一。

总之，要做好观察的准备工作，以提高观察的效率和准确性。

(二) 进行正式观察

观察前的准备工作就绪后，就可以进行科学的观察，观察时要注意做到以下几点：(1) 严格按事先拟订的计划工作，必要时应随机应变。在观察时，目的必须明确，不要超出原定的观察范围，但如果原定计划确实不够妥当，或观察现象有所变化时，则应随机应变，务求完成原定任务，使观察达到最好效果。(2) 灵活确定观察位置角度，善于及时捕捉观察时机。尽管在事先的观察方案中已有对观察者的一般要求，但在实际观察中需要结合具体观察环境与观察对象的情况去灵活确定。要根据现场的环境及被观察者当时的活动变化情况，及时把握和抓住观察时机，捕捉事物的重要场面、特殊现象、主要环节和主要指标的显现信息。这取决于观察者的观察能力、经验及理论知识的指导。(3) 在观察过程中，观察者的注意力要集中于对预定指标的信息观察获取；但又要适当注意相关的某些不同活动现象的发生，尤其是要注意某些例外、偶然和特殊现象、事件的出现，其中可能包含着对事物的认识、新解释。(4) 要注意观察一贯性的现象，但也不能忽略偶然的或例外的现象。一贯性的现象往往是本质问题，但是偶然的或例外的现象，能帮助全面地了解所观察的核心问题，所以也应如实的记录，以便分析时参考。(5) 要充分利用和发挥观察仪器的客观、准确作用，以弥补肉眼观察的不足。(6) 对复杂的研究任务，宜把研究任务人员分成小组进行观察。小组观察，必须有明确的分工，每人有明确的观察中心和目的，附带观察全面的情况。小组之间要注意采用统一的标准记录表格和速写符号，以便事后综合和核对。

(三) 做好观察记录

观察记录的目的是对所要观察的相位、现象使用某种工具（如笔、表格、录音机等）和方法进行记录，以便保存，能够在分析资料时使用，记录工作要做到细致、认真、全面，才能收集到系统、有效的资料。观察中的记录务必及时、准确、清楚、无误。使用符号要正确，文字要简练、规范，要统一操作解释。不同观察任务应有不同的记录表格和符号，有条件的单位或个人，可借助计算机技术进行观察记录，有利于存储、检索与统计。

观察记录时要注意以下几点要求。

1. 记忆与笔记相结合。观察时要高度集中注意力，充分发挥记忆功能，对一些典型现象要记全记牢。同时，要进行详细记录，尤其是观察内容复杂、细节琐碎的现象，必须及时做全面记录。

2. 记录要快速准确，突出重点。记录不是做文章，只要求记录有用的事实。对经常出现的现象可用速写符号，字数要尽量少，但记录的内容要尽量全面。总之，记录时要尽量快速，以便使注意力多用在观察研究现象上。

3. **借助仪器记录**。对复杂的研究现象，可以采用照片、影片、录音等记录手段把现场的客观情况保存下来，以便事后反复、仔细地观察和分析研究。

（四）整理观察材料

观察结束后，要及时对有关的观察材料做好检查、核对、分类等整理资料的工作，以便能更好地分析研究资料。

五、运用观察法的基本原则

（一）客观性原则

客观性是指科学观察所获得的经验事实能够比较正确地反映客观事实，是科学观察中最重要的要求。要做到观察的客观性，必须注意遵守以下一般的要求。

1. 要注意研究对象的可观察性。可观察性是指能够观察到想要观察的研究对象或现象。科学观察要在可观察到的范围内才能进行。因此，必须十分注意观察方法、手段的可操作性，观察仪器的可靠性，观察研究对象的能见度，及指标是否具有观察的可能性等问题。

2. 对所观察的事物应具备一定的基础知识，否则就不可能敏锐地看出观察的问题和内容。因此，研究者必须掌握有关的理论，并对所研究的问题和研究对象的基本状况有一定的了解和认识。

3. 观察时要尽量避免影响被观察者的常态，否则所搜集的材料会反映异常的情况，导致错误的结论。因此，观察时要尽可能不让被观察者察觉，把可能吸引被观察者注意的因素减到最低限度。

4. 观察要采取实事求是的态度和严谨的工作作风。在观察中要尽量排除一切主观因素，要如实记录，不要有预先做好的结论，不要先入为主，不能有任何偏见，不要把主观的推测和客观的事实相混淆。在观察过程中，还要注意防止产生技术性偏差，注意重复多次地观察同一现象，以得到一般性的规律。另外，观察者还要有冷静、细心、不厌其烦的工作作风。

（二）典型性原则

由于客观事物复杂多变、变化无穷，其本质易为众多的表面现象所掩盖，这样，在一次观察研究中，不可能对所有的现象都进行研究，做到面面俱到。因此，要使观察能反映研究的本质，就必须对观察的现象有所取舍，就必须选择典型的研究对象和指标进行观察，以使观察的重点突出，提高研究的效率，为研究提供有用的观察材料，更好地探索事物的本质。

总之，观察法是认识体育运动本质与规律性的重要方法之一，要注意在体育科学研究中不断地总结完善。

第七节 实验法

一、实验法的定义

所谓实验法，就是人们根据体育研究的目的，利用一定的物质手段，人为地控制研究对象，排除干扰，以便在最有利的条件下对其进行观察，从而获得事实材料的一种方法。

二、实验法的基本特点

实验法在学校体育科研中能成为重要的研究方法之一，是由于研究对象和环境的复杂性、不确定性（体育教育问题处在各种环境和多因素的条件影响下）及实验本身即有一些远比自然观察优越的基本特点，这些基本特点有以下几方面。

（一）实验能简化和纯化研究对象与现象

实验可以控制研究对象及其周围环境，从复杂的条件及影响因素中找出主要的、关键的因素，排除与研究目的无关的偶然因素和次要因素的干扰，经过简化或纯化帮助我们找出最主要的规律，揭示事物的本质。

（二）实验能强化和深化研究对象与环境

实验中，人们可以借助各种仪器设备，制造出自然状态下难以出现或不能出现的环境和特殊条件，以达到研究的目的。

（三）实验可以再现和缩小研究过程

在学校体育领域中，有许多现象发生的过程十分短暂，瞬间即逝，不易观察。运用实验法不仅可以严格控制实验条件，再现研究过程，而且实验规模和范围要比客观实际小得多。在体育教学实验中大都是以小规模的实验群体（或少因素）进行的，通过反复实验，最后对施加因素做出客观判断，从而排除偶然的结果。

三、实验法的基本类型

随着科学技术的发展，实验手段日益丰富，因而实验法的种类也逐渐增多，下面只介绍几种主要的实验类型。

（一）定性实验和定量实验

定性与定量实验是以实验结果的性质划分的。

定性实验是为了判定研究对象具有哪些性质、或鉴别某种因素是否存在及揭示某些因素之间的关系所进行的实验。例如，对某种体育教学方法有效程度的研究所进行的实验，对其结果一般要按“很有效、比较有效、一般不太有效、没有效”等几个模糊取向来进行评定的。

定量实验是用来测定某些研究对象及影响因素的数量值，以揭示某些因素的数量关系的一种实验研究方法。例如，在教学、训练等实验中，以时间、距离、重量，或以形态、机能、素质，或以体内的生理、生化指标来评定其结果。

（二）析因实验和探索实验

析因实验与探索实验是以因果关系为先后顺序的实验。

析因实验是指为了寻找引起某种变化或结果的原因而进行的实验。其特点是从已知结果寻找未知原因。例如，体质调查表明：少儿体态呈“豆芽菜”形，是由于缺乏某些教学内容的体育锻炼所致，通过析因实验可以证明或否定假设的原因。

探索实验是指创设一定条件来达到某一目的而进行的实验。其特点是从已知的原因去发现它将产生的未知结果，或证明某种假说的前途命运。例如，从生理学角度进行男女分班教学，已为许多国家所采取，它具有许多优点。但有人提出，在青少年的某些年龄段中，从心理学的角度考虑，男女生合班更有利于调动学生的学习积极性，激励竞争，加强课堂的组织纪律及活跃课堂气氛，如果要证实这一假说，就必须进行探索实验。

（三）单组实验和对照（比较）实验

单组与对照实验是以有无参照系为标准而划分的。

单组实验就是选择一个总体（或样本）作为实验对象，通过实验前后的变化（自身对照）得出实验的结论。

对照（比较）实验是通过比较来揭示研究对象的某种性质或某种因素带来的结果。对照实验要设置一个实验组和一个对照组，两组的条件应尽可能一致。然后通过某种实验步骤，对实验组施加某种因素，并严格控制实验组与对照组在其他因素上的一致性，从而鉴别实验组受施加因素的影响而产生的效果。

四、实验法的基本要素

（一）实验对象（受试对象）

所谓实验对象，就是指实验者所要认识的对象。它可以是人（或动物），也可以是人体的部分肢体、组织、肌肉等器官。如研究中长跑对青少年的耐力素质（或心肺功能）的影响，被选来进行实验的青少年就是实验对象。在选择实验对象时通常要考虑如下几方面问题。

1. 实验对象的典型性和随机性。要求实验对象具有典型性和随机性的目的在于使所选择的实验对象能反映同类对象的性质和规律。

2. 实验对象的客观性。当选择人作为实验对象时，除注意年龄、性别、地域等条件外，还要考虑其学校、社会、家庭、爱好、习俗和经济文化等客观环境和条件。

3. 实验对象的数量（样本含量）。实验对象的数量主要根据研究的目的所需要指标的性质，以及实验规模、控制条件与误差的大小等来决定。在统计上一般认为：30 例以内为小样本，超过 30 例则为大样本。当然在研究的人力、物力、时间等条件允许的情况下，样本含量越大越好，这主要是因为人的个体差异较大（具体的抽样方法与样本含量，请参见有关体育统计等教材）。

（二）施加因素（即处理因素）

所谓施加因素，就是为了达到实验目的，施加于实验对象，使其产生某种变化的附加条件、内容，以及选择的方法、手段等因素。例如，为了检验某种使学生尽快掌握某项动作技术所采用的教法；为了探讨提高学生弹跳力而选用的专门性练习的效果等等。施加因素是整个实验过程的主体，也是能否达到实验目的的关键环节。因此，在确定施加因素时应注意下面几方面问题。

1. **施加因素与非施加因素的关系**。在学校体育的实验研究中，往往有许多因素同时作用于实验对象上，为此必须严格区分施加因素和非施加因素，以便在实验中充分突出施加因素的作用，尽可能排除或缩小非施加因素的干扰。

2. **主要因素与次要因素的关系**。在实验过程中，如果只是施加单个因素，实验过程和施加因素是容易控制的。例如，设计“打吊球练习对学生扣球准确性的实验研究”就属于单因素实验。然而，在一次实验中，为了提高实验的效率，往往要同时施加几个因素，这就给实验的控制和观察带来一定难度。实验设计者要能够合理地区分主要因素和次要因素，确切地反映出每个因素的效果。例如，在设计一套循环练习实验时，需要考虑练习强度、练习次数、练习时间及间歇等多种因素，其中练习强度是最主要的因素，其余为次要因素。

3. **施加因素的选定及标准**。选择施加因素可以采用直接经验与间接经验相结合的方法来进行，即将自己的实践与认识结合起来访问、请教及查阅资料。在选定中有时还会遇到生疏的因素（以前没有实验过的），为此有必要做一点预备性实验来寻找“最适宜条件”。然后制定标准，并要求在实验始终衡定标准，否则就难以取得准确、统一的数据，更不能反映出各要素的真实效果。

（三）实验效应（效果反应）

实验效应就是通过观察施加因素作用于实验而获得的效果反应。这种效果是以指标（记数和计量指标）来反映的。所以，准确的确定观察指标的性质是十分重要的。通常观察指标按性质可分成两类：一类是记数指标，即根据完成多少或完成的程度（优、良、可、劣等）的人数来定性划分的，这类指标常用概率（百分率）处理；另一类是计量指标，即通过可度量的方式来定量划分的量值指标。例如，身体形态、机能、素质的变化，跑的成绩（秒）、跳的高度和投掷的远度，以及负重的重量等。实践中，对实验效应指标的选定是非常重要的，需要考虑以下几个方面的因素。

1. **指标的有效性**。指标的有效性是指选用的指标既要与科研题目密切相关，又要能确切地反映施加因素的效应。例如，研究某些艺术体操项目训练对提高女生柔韧素质的影响，所选的测试指标就应从训练涉及的几个关节的柔韧性出发。

2. **指标的客观性。**无论是计数指标，还是计量指标（尤其是计数指标、定性评价），事先都要指定具有一定客观性的标准，以缩小主观因素的影响。例如，在评价一堂体育课中，学生掌握技术、技能的情况，就应将它分成几个程度不同的档次（几个等级），并将每个等级列出可评价的标准和内容（有时还需要限定权重系数）。

3. **指标的精确性。**指标的精确性是指所要观察的指标，能够进行精确地测试、准确地记录和客观地描述处理。

第八节　测量法

一、测量法的概念和意义

在体育科学研究中，所谓测量就是对所确定的研究内容或调查指标进行有效的观测与度量，在广义上是指按照一定的法则给事物增派数字的过程，在狭义上是指借助一定的工具或手段并依照一定的法则，直接或间接地给事物的某种属性赋予数值的过程。在体育科研中，从方法学的角度来看无论是收集资料、进行研究设计，还是进行实验和评价都需要以测量作为基础。总之，测量在体育科学研究中有着非常重要的作用，主要表现在以下几个方面。

1. **测量是取得原始资料的基本方法。**采用测量法所搜集到的数据资料具有较高的准确性。利用测量法可以对大量的物理、生理、心理及社会现象进行数和量的认识和描述，为进一步研究课题提供第一手的原始资料。

2. **测量法可以为定量分析研究资料提供必要的手段。**一门科学由定性的描述到定量的分析研究是这门科学发展和成熟的重要标志，而测量法正是确定体育运动现象数量变化的最重要手段。

3. **测量法是检验科学假说和理论的基本形式和手段。**由于测量也是实践的形式之一，因此，测量不仅是获得原始资料的主要基本方法，而且也是检验科学假说和理论的途径。

二、测量的科学性及基本特征

（一）测量的针对性

测量的针对性是根据研究问题中的各种因素的某一特征，有目的、有计划地直接或间接的度量。其目的在于鉴别体育教学和运动训练及增强体质的效果，改革教学、训练方法，以便于主动地控制教学训练过程，达到提高体育教学质量和运动训练水平的目的。如体育教学和训练计划的制定、体育教学过程中各种考核标准的制定、运动训练模型的建立、运动成绩的预测等，都必须借助各种测量结果作为依据。

（二）测量与评价的一致性

测量与评价是两个相互依存的概念。测量的目的在于搜集所需的信息资料。测量结果本身并没有什么意义，在整理分析和评价后才有实际意义和价值。评价是对各种测量进行价值判断的过程。可见评价能否达到预期目的，直接取决于搜集资料信息的可靠性和有效性。因此，测量过程又是评价过程的关键环节。

（三）测量的可靠性

测量的可靠性又称信度。它是指在同等条件下对同一受试对象重复测量时，其结果的一致程度。任何测量在实测中总会受到一些偶然因素的影响，使测量结果存在一定的偶然误差（随机误差）。这种误差在测量结果中所占比例的大小，则决定其测量可靠性的高低。在同等条件下实施多次测量，随机误差越小，测量一致性程度越大，测量的可靠性越高；反之，则可靠性就越低。影响测量可靠性的因素有：受试者本身状态的变化；测量人员状态的变化；测量仪器功能的变化；实测中规格、标准和程序的统一程度；样本含量的大小；外部环境的变化等。由此可见，测量可靠性的高低，有赖于能否控制多种误差来源因素的影响。

（四）测量的有效性

测量的有效性又称效度。它是指测量所反映的被测特性的准确程度。通过测量能否准确地反映被测特性而实现其目的，取决于测量工具和条件误差（系统误差）所占比重的大小。系统误差越小，测量的有效性越高；反之，测量的有效性就越低。有效性一般包括内容有效性、结构有效性、效标关联有效性等。影响有效性的因素有受试者的年龄、性别、知识和经验水平；不同受试群体的特点；确定效标的可靠性；样本含量的大小及其代表性；测量的难度与区分度等。

（五）测量的客观性

测量的客观性是指不同测试人员对同一批受试者实施同一测量手段，测量和评价结果的一致程度。客观性主要取决于：标准化的测量程序；测量指标的规范化；严格控制测量条件；测量者的业务熟练程度和受试者的配合程度等。

测量的客观性尤其在非物理性的测量中显得更为重要。如对技术动作的环节、战术质量、临场技术统计、比赛技术的评分、教学训练过程等测量，很难做到像量身高、体重那样客观。在这种情况下，为了提高测量的客观性，就必须制定一个实施细则，以统一测量尺度、控制测量条件，保证测量结果能反映受试者的真实水平。

（六）测量的标准化

测量的标准化是测量结果客观性、可靠性、有效性的根本。只有实施标准化的测量，测量结果才有可比性和科学性，才能使研究的问题得出正确的结论。测量的标准化，应包括测量方法及测量指标的规范化、测量仪器的性能及使用方法的稳定性、测量过程的程序化、测量者预先统一的内容、方法标准及要求等整个测量系统的标准化。

三、测量的类型

由于测量的含义广泛，可从不同角度对测量进行分类。

按测量的内容可分为物理量测量和非物理量测量。例如，前面提到的对身高、体重、力量、跑的速度、跳的远度等具有时间、距离、重量等特征，就属于物理量的测量；而对知识水平、技战术水平、心理特征、疲劳程度等的测量，就属于非物理量的测量。(图4－1)

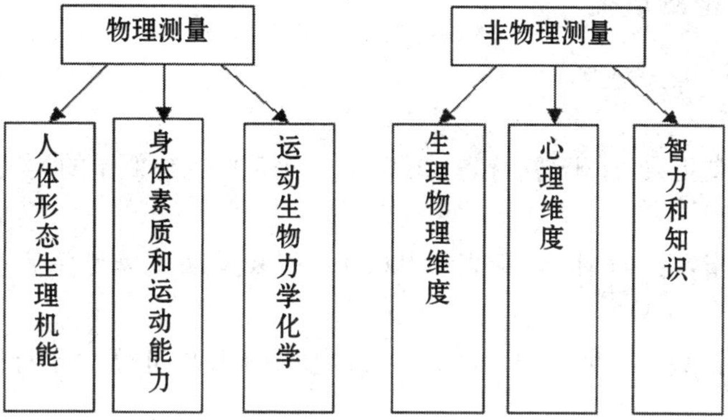

图 4－1

从测量的形式上可分为直接测量和间接测量。直接测量一般是对长度、时间、重量等物理量的测量。间接测量则通常是对非物理量的测量。例如，运动员的焦虑水平一般不能直接测量到，而要通过焦虑量间接反映出来。

按测量的水平可分为类别测量、等级测量、等距测量和比率测量等。

四、测量指数及派生指数

体育科学研究中，测量按其指标特点可分为定量指标和定性量化指标（或称质量指标）两大类。定量指标是用一定的计量单位进行定量描述，如长度、质量、时间、温度等等。所谓指数，是按照测量指标与指标间的内在联系和相互关系而派生出来的一种相对数，将两项或两项以上的指标组成某种指数，用以进行综合评价，如量度指数、长度指数、宽度指数、围度指数、营养指数、运动指数等等，从而形成一种具有新含义的测量指标。定性指标又称质量指标，它虽没有一定的计量单位，但可采用将研究的问题编制成测量表转化成定量评分的方法，使定性指标得以进行量化。如教育、心理的测量量表、调查问卷量表等。测量中的主要测量指标及其派生指数（注★）介绍如下。

（一）体格测量类

1. 身　高

2. 坐　高

★身高坐高指数：（坐高/身高×100），用来反映人体躯干的类型。

3. 体　重

★克托莱指数：（体重/身高×1000），用来反映人体肥瘦程度，又称肥瘦系数。

★考乌甫指数：（体重/身高^2×10^4），多用于反映儿童少年身体发育与营养状况。

★劳雷尔指数：（体重/身高^3×10^7），反映人体充实度和营养状况。

★利维指数：（$\sqrt[3]{体重}$/身高×1000），作用同上。

★贝利迪西指数：（$\sqrt[3]{10×体重}$/坐高×1000），作用同上。

★鹤见、中楯指数：[$\sqrt[3]{10×体重}$/（1/2 身高）×1000]，能反映种族、地区在人体充实度上的差异。

4. 胸　围

★帕格休指数：（胸围/身高×1000），反映体格及胸廓的发达程度。

★艾里斯曼指数：（胸围－1/2 身高），反映胸廓发育状况。

★澳本海模指数：[（胸围＋上臂围）/身高×100]，反映胸廓和上体的发达程度。

5. 肩　宽

★指数：（肩宽/身高×100），反映上体发达程度。

6. 骨　盆

★指数：（骨盆宽/身高×100），反映人体体型特点，是运动员选材的重要指标。

7. 上肢长

★指数：（上肢长/身高×100），反映上肢长的相对值，是篮球、排球、举重等项目的选材指标。

8. 下肢长

★腿长指数：[（身高－坐高）/坐高×100]，反映体型和下肢的相对长度，是运动员选材的重要指标。

（二）身体成分类

身体成分主要有脂肪、水和固态物。在体育科研中主要测量的是人体脂肪，其方法有“水下称重法”和“测量皮褶厚度法”，这两种方法需要用公式计算人体密度、脂肪等数据。

1. 测量方法

测量皮褶厚度用皮褶卡钳，根据研究的任务测量所需部位的皮褶厚度。经常测量的部位有以下三个部位。

（1）三头肌部位。肩峰与鹰嘴连线的中点，与上肢长轴平行的皮褶。

（2）肩胛部位。肩胛部下角，与躯干成45°方向的皮褶。

（3）腹部。锁骨中线与脐水平相交处，水平方向的皮褶。

2. 计算方法

（1）计算人体密度。（表4－1）

表4－1　推测人体密度的回归方程式

年龄	男子	女子
9～11岁	D＝1.8879－0.0015X	D＝1.0794－0.00142X
12～14岁	D＝1.868－0.00133X	D＝1.0888－0.01153X
15～18岁	D＝1.0977－0.00146X	D＝1.0931－0.00160X
成人	D＝1.0913－0.00116X	D＝1.0897－0.00133X

注：D为人体密度，X为肩胛与三头肌部位皮褶厚度之和。

（2）计算体脂百分比。

公式一（国际体力测定标准化委员会采用的标准化公式）：

体脂（F）%＝（4.570/体密度（D）－4.0142）×100

公式二（国际生物学规划所采用的标准公式）：

体脂（F）%＝（4.950/体密度（D）－4.500）×100

（三）生物机能类

1. 脉搏。反映心血管系统的功能水平。
2. 血压（同上）。
3. 心电图。反映心脏功能水平。

4. 哈佛台阶试验指数。反映心血管系统对运动员负荷的反映情况。

5. 肺活量。

★肺活量%（肺活量实测值/肺活量推测值×100），反映相对肺活量水平。

注：保尔·得文提出的肺活量推测值为：

男：肺活量推测值＝（27.63－0.112×年龄）×身高

女：肺活量推测值＝（27.78－0.101×年龄）×身高

★肺活量指数（肺活量/身高、肺活量/体重、肺活量/胸围、肺活量/体表面积等），均反映呼吸机能水平。

6. 最大摄氧量。评价运动员有氧代谢能力的最有效指标。

7. 运动指数（运动中所需的摄氧量/基础代谢时所需的摄氧量×运动时间即热能代谢率）（E. M. R. or R. M. R. ×时间）。评价运动量的较好指标。

（四）身体素质与运动能力类

1. 静力性肌力：握力；背肌力。屈臂悬垂。

2. 动力性肌力：引体向上；斜身引体；双杠屈臂伸；俯卧撑；1 分钟仰卧起坐。

3. 爆发力：纵跳摸高；立定跳远。

4. 身体位移速度：纵跳摸高；立定跳远；50 米跑；30 米跑；4 分钟冲刺跑（计距）；6 秒钟冲刺跑（计距）等。

5. 耐力：定距离计时 800 米、1000 米、1500 米、3000 米跑等；定时计距离 9 分钟、12 分钟、15 分钟跑等。

6. 灵敏性：立卧撑；反复横跨；十字变向折回跑；十字跳测验等。

7. 柔韧性：立位体前屈；坐位体前屈；“造桥”测验；旋肩测验；俯卧背伸；肩臂上抬等。

（五）体育科学研究中常用的测量指标

简单反应时；选择反应时；注意力稳定性；记忆力等。

（六）运动力学类

常用主要测量指标有：力，力矩，功，速度（含角速度、加速度等）物理参数。

五、测量方法在体育科研中的应用

示例一：

《对体育学院跨栏运动员身体形态及关节运动幅度的研究》课题，其任务是通过测量并获得身体形态与关节运动幅度的全面指标及数据，并进行对比分析，从而了解不同专项运动员的形态特点和专项运动成绩的关系，为教学训练提高运动成绩和运动员的选材提供参考数据。

测试样本由体育学院男子、女子跨栏和短跑运动员各 40 人组成。测试对象均为院代表队队员，训练年限为 3 ~5 年，一级运动员水平，年龄在 21 ~24 岁之间。

测试项目指标均为人体形态类，共 30 个，包括身高、体重、胸围、坐高、肩宽、上臂长、髋径、大腿长、小腿长、大腿围、小腿围、膝围、踝围、足长、足高、肩伸、膝内旋、膝外旋、腕屈、腕伸、髋屈、髋伸、髋展、髋内旋，髋外旋、膝内旋、膝外旋等等。

测量方法要规范、统一。如髋关节的测量方法，必须让受测者站立，臀部靠在墙上不动，测量人员用双手按住其骨盆，受测者大腿伸直、脚尖跷起放在拖板上，向内旋转为内旋，度数即在圆盘刻度上指示；反之为外旋。每一测量内容的方法，都要在测量设计时做明确的规定，如需集体分组测量时，预先要统一测量标准。

做好测量前的准备工作，特别是根据本课题的测量及统计数据的需要，设计与编制测试记录和统计表。（表 4 －2）

表 4 －2　身体形态与运动关节测量记录表

编号	分类 项目 指标 姓名	身体形态					关节运动幅度（度）			
		身高 厘米	坐高 厘米	体重 千克	胸围 厘米	… …	肩伸	肘内 旋	肘外 旋	腕屈

示例二：

《体育课外作业对我校高一学生形态、机能、素质的影响》研究课题，其目的和任务是从所在学校的实际情况出发，通过学生完成体育课外作业的实验，研究有效增强学生体质的途径和方法，为提高体育教学质量提供客观依据。

受试对象均为某中学高一新生，共60人，平均年龄为15岁，基础测验各项指标基本相同，分实验组与对照组。

测量项目内容分为身体形态、生理机能和身体素质三大类。其中身体形态：身高、体重、胸围等；生理机能：安静时脉搏、肺活量和哈佛台阶试验等；身体素质：50米跑、1000米跑（男生）、800米跑（女生）、立定跳远、掷实心球、引体向上（男生）、1分钟仰卧起坐（女生）。

哈佛台阶指数测定法是根据受试者的年龄和性别、选择小凳子的高度和运动试验的持续时间。（表4－3）

表4－3　小凳高度、运动持续时间与受试者年龄、性别的关系

受试者	年龄（岁）	体表面积（$米^2$）	小凳高度（厘米）	持续时间（分）
男子	成人		50	5
女子	成人		43	5
青少年	12～18	>1.85	50	4
青少年	12～18	<1.85	45	4
女青少年	12～18		40	4
男女儿童	8～12		35	3
男女幼儿	8岁以前		35	2

测试方法：受试者应穿统一的服装和鞋。试验前，测定坐位安静时的心率，然后受试者做轻度的准备活动——主要是下肢关节的活动。受试者上下小凳的频率是30次/分，因而节拍器的节律应放在120次/分处（每上下一次是4步）。

测试时受试者站在小凳前，在预备口令“1、2、3、4!”后，开始按照节拍器的节奏完成试验。口令“1”时，受试者一只脚跨到小凳上；口令“2”时，双脚站在小登上，下肢伸直，严格保持垂直的位置；口令“3”时，先上小凳的那只脚下到地上；口令“4”时，双脚站在地上。应以同一只脚开始和结束试验。

试验结束后，受试者应立即坐到附近的椅子上。在第1分钟内，受试者以舒服的姿势安静的休息。为了防止感冒，给被试者披上毛巾。测量和记录恢复期第2、3、4分钟前半分钟的心率（或脉搏）；最好能测量后半分钟的血压。哈佛试验分完全形式和简化形式两种，后者在测量中可以节省时间。采用哈佛台阶试验指数的完全形式测定，最好测量恢复期第一个10秒的脉搏，这将扩大机能试验的意义；采用哈佛台阶试验指数的简化形式测量，仅仅测量恢复期的第2分钟前30秒的心率。

（一）完全形式哈佛台阶试验指数计算法

哈佛台阶试验指数 $= t \times 100/(f1 + f2 + f3) \times 2$

t为上下台阶的时间（秒），f1，f2，f3为恢复期的第2、3、4分钟前30秒的心率。

例：受试者为成年男子，上下台阶的时间为5分钟（300秒），第2、3、4分钟前30秒的心率分别为60、55、50次。代入公式中得到：

哈佛试验指数 $= 300 \times 100/(60 + 55 + 50) \times 2 \approx 91$

（二）简化形式哈佛台阶试验指数计算法

哈佛试验指数 $= t \times 100/f1 \times 5.5$

同例代入公式中得到：

哈佛试验指数 $= 300 \times 100/60 \times 5.5 = 500/5.5 \approx 91$

如果能利用表格查找哈佛试验指数就可以不必计算。

此项研究通过对身体形态、生理机能和身体素质等指标的测试，将各获得指标进行自身比较和两组间比较，经统计处理寻找其差异性，从而得出给学生布置体育课外作业是增强学生体质的有效途径和方法的结论。

本章复习思考题：

1. 科学研究方法的概念与重要性。
2. 科学研究的方法及其特点和原则。
3. 试选定一个科研课题，制订一份体育观察设计方案。
4. 试确定一个研究主题，选所介绍的一种方法，在小样本范围内测量并对其结果做简要评价分析。
5. 试确定一个科研主题，根据研究任务用本节介绍的方法，查阅3～5篇有关文献资料，并将其填写在自制的文献摘要卡片上。
6. 试选定一个研究课题，设计一份体育调查问卷量表。

第五章 整理资料方法

第一节 体育科研资料分类

一、按体育科研资料的表达内容分类

（一）表达体育活动形式和特征的研究资料

这种资料包括技术动作外形的描述和运动力学特征的定性定量描述，对抗项目攻防关系的描述，集体对抗项目的战术配合形式及特征的描述，运动项目比赛规则的确定与描述等研究资料。

（二）表达体育活动组织进行情况的研究资料

这种资料包括群众性体育、学校体育、竞技体育、老年人体育、残疾人体育的组织进行；进行教学和运动训练过程的实施与控制，以及体育的资源和发展等研究资料。

（三）表达体育活动结果的研究资料

这种资料包括体育活动的参加者完成负荷的大小或在锻炼、体育教学和比赛中所表现出来的运动成绩；体育活动的参加者在体育课上、体育锻炼或运动训练过程中的身体机能和心理上的变化；不同的体育活动对不同年龄、不同性别、不同健康状况人的身体机能变化和身体的影响，以及社会环境条件（家庭、荣誉、地位、经济等）对体育参加者的影响等研究资料。

二、按获得资料的方式分类

按获得资料的方式可分为直接资料和间接资料。研究工作中由研究者直接动手所获得的第一手资料，叫直接资料。如在球场上观察比赛所记录的运动员跑动位置、距离、路线；在100米跑训练课中测量的途中跑、最后冲刺跑的步长；老年人练完一套太极拳的心率、血压变换的记录；初中二年级体育课学生对球类、田径、体操等项目的学习兴趣和学习态度的调查结果等等。总之，凡是通过研究者的感官或借助于仪器所观察、测量、记录下来的研究对象的状态和变化的资料都是直接的研究材料。而通过他人的复述或通过各种出版物所研究的资料都是间接的资料。

三、按资料的质和量的特性分类

按资料的质和量一般可以分为定性资料和定量资料。定性资料是表达研究对象的性质、特征，主要是以文字来描述，有些内容也还要用数据材料表达。定量资料是表达研究对象的特征、大小、程序、范围和界限，主要是以数量来描述。

用定量资料可做定量分析，也可做定性分析。定性的分析往往需要以反映数量特征的材料为依据；定量的分析也常常受定性分析的制约，最后得出定性的结论。这两方面的研究资料是相互依存、相互补充的。

四、研究资料图表绘制（EXCEL，SPSS）

对收集和整理后的研究资料与数据用统计图表表示出来，不仅可以取代大量的文字叙述，而且便于比较和分析。具有简明直观、条理清晰、增强研究资料与数据的显著效果的作用。因此，在体育科研中应用极广。

（一）表的绘制

表俗称“表格”，它是以列和行的形式排列有关统计指标及其含义。表的目的是给人以简明直观的印象，使人们在短时间内迅速了解所列指标之间的关系并便于进行分析与判断。

1. 制表要求

（1）表的内容应简单明了。

（2）表的标题应简明扼要地反映表的基本内容。

（3）表的各标目安排要合理。

（4）数字书写要统一整齐。

（5）空缺可用“——”表示，有效位数要一致，一般在表中要统一用阿拉伯数字。

（6）表中的项目排列一般按时间、事物重要程度、自然顺序或体育项目固有的特点和规律。

（7）填写好表注。

2. 表的种类

表按其主语、谓语构成情况可分为简单表、分组表和复合表三种。

（1）简单表：凡主语未做任何分组的统计表就称为简单表。

（2）分组表：主语按一定标志或标准分组的统计表就称为分组表。

（3）复合表：是指主语、谓语分别按两个以上标志分组的表，复合表又称为交叉分类表。

（二）图的绘制

图是在表的基础上，更能直观反映数据和研究结果的一种形式。统计图的种类繁多，体育科研中常用的有以下几种。

1. 条图。条图是用直线来显示数据的一种形式，多用于同类指标的不同数据的比较，以显示差异。条图可分为单式条图和复式条图。

2. 直方图。直方图也称次数分配图。其作用是显示数值分布状态及差异细节和变化趋势。

3. 构成图。构成图主要用于显示整体中各部分所占的比重。

4. 线图。线图是用曲线表示若干个变量（或若干组变量）之间的状态，通过曲线的升降显示他们的变化关系与趋向。线图中常用的有单式线图和复式线图。

上述介绍的图表都可用 EXCEL 和 SPSS 直接完成。

第二节　定性资料的整理

一、定性资料整理的方法

定性资料的来源一般有两个：一是实地源，它包括无结构式访问和观察的记录；二是文献源，即以文字形式叙述的文献资料，如公司机关的档案、文件、会议记录、个人的日记、传记、信件、公开发表的调查报告和研究论文等。由于资料来源上的差异，在整理方法上也略有不同，但都要经过三个阶段，即审查、分类和汇编。下面我们重点介绍资料的审查。

（一）资料的审查

资料审查的目的是消除原始资料中的虚假、差错、短缺等现象，以保证资料真实、可信、有效、完整、合格，从而为进一步整理分析打下基础。对定性资料的审查主要集中在真实性、准确性和适用性上。

所谓真实性审查，也称信度审查，即看资料是否真实可靠地反映了调查对象的客观情况。进行真实性审查通常采用以下几种方法：（1）根据已有的经验和常识进行判断，一旦发现与经验、常识相违，就要再次根据事实进行核实。（2）根据材料的内在逻辑进行核查，如果发现资料前后矛盾，或违背事物发展的逻辑，就要找出问题所在，剔除不符合事实的材料。（3）利用资料间的比较进行审核。如果资料是用多种方法获得的，如对某个问题既有访谈资料，又有文献资料及观察记录，就可将这些材料进行比较看有无出入，以判断真伪。对观察资料，如果观察是集体进行的，则可将组内各人的观察结果进行比较；对访问资料，可将对同一事件3个不同回答者的叙述进行比较以判断资料可信程度。（4）根据资料的来源进行判断。一般来说，当事人反映的情况比局外人反映的情况更可靠些；有文字记录在案的情况比传说的情况更可靠一些；引用率较高的文献比引用率低的文献更可靠一些等等。此外，人类学者曾把一个部落停留的时间作为衡量资料真实性、可靠性的一个标准，因为在较长的时间内，调查者可以排除某些人为的虚假成分，了解到许多短期调查所了解不到的事物。真实性是资料审查中最根本的要求，因为错误和虚假的材料有可能导致错误的研究结论，甚至导致整个研究的失败。

除真实性的要求外，收集到的资料还必须准确适用。所谓准确性审查，也就是效度审查，一方面是审查收集到的资料符合原设计要求及对分析所研究的问题有效用的程度。对那些离题太远、效用不大或不符合要求的资料要予以清除；另一方面是审查资料对事实的描述是否准确，特别是有关的事件、人物、时间、地点、数字等准确无误，切忌事实资料含混不清、模棱两可，数据资料笼统模糊。在对资料的真实性和准确性进行检查后，还要审查资料的适用性如何，也就是考察资料是否适合分析与解释。主要包括资料的分类是否合适、资料的深度与广度如何、资料是否集中紧凑、是否完整等。

资料的审查工作，一部分是在搜集的过程中进行的，边搜集边审核，这叫作实地审查；一部分是在资料收集完毕后集中进行的，这叫作系统审查。对访问和观察材料，收集过程中的审查特别重要。这一方面是因为可以防止遗忘，而且在发现错误、遗漏和矛盾时能就地补充和改正，即使弥补准确性和适用性上的问题，新发现和新线索也能就地及时收集有关的资料；另一方面是因为在收集资料的过程中，访问者通过对资料提供者的考察，观察者通过对产生资料的实地社会背景的考察，以及通过互相讨论或派专门人员抽查等方式，对影响资料的各种因素进行分析和控制，对资料的信度和效度进行评估 。一般来说，“实地源”的资料较“文献源”的资料更可靠。对观察资料，在搜集过程中的检查要特别注意“测不准效应”和“棱镜效应”对资料的信度与效度的影响。前者是指由于观察者的参与，改变了被观察对象的自然状态，被观察者或单位可能做出种种假象来掩饰事实的本来面目，使真实状态的测定不可能；后者是指社会现象的感知和解释都要通过观察者这面棱镜，通过他的价值标准和以往的经验再折射出来，从而使观察资料不准确。对访问资料，在搜集过程中的审查应特别注意被访问者的态度和本人素质及其理解力、记忆表达能力等都会影响所提供资料的可靠性和准确性。

资料的审查是一项重要又细致的工作，它要求研究者认真对待，绝不可草率从事。

（二）资料的分类

资料的分类通常由多项内容组成，每一份资料反映了一个具体的问题，应针对每一类问题进行分类，从而构成一份个案档案。

（三）资料的汇编

所谓汇编，就是根据研究的目的，对分类后的资料进行汇总，以集中、系统地反映资料的内涵。

二、整理定性资料完成的论文示例

示例一：

《对我国近现代体育思想发展演变的初步研究》（作者：潘志琛，获1992年国家体委科学技术进步奖，刊登在《北京体院科学论文选》（1953—1993），北京体院出版社出版）

此论文是一篇典型的定性资料的论文，它以大量的史料为依据，研究了从清末到1988年我国学校体育思想的发展演变。

此文主要采用了文献研究法、问卷调查法、访问调查法、观察座谈法、比较分析法等研究方法。对所获得的资料，按其时间、各时期、各特殊阶段进行了分类，并将各资料与当时历史时期的社会背景、特点、政治经济状况充分结合起来进行严密的分析、归纳、综合。文中主要通过我国近现代这一时期及各特殊阶段的学校体育思想发展演变的趋势与过程，学校体育思想发展演变的主要特点，对不同时期学校体育的性质、地位、功能、目标、规律进行了深入的研究，从而得出如下结论。

（一）我国近现代学校体育思想发展演变经历了四个主要时期。

（二）我国近现代学校体育思想的发展演变受到国家政治、经济需要，社会文化、教育体制变革等多种因素的影响和制约。

（三）我国近现代学校体育思想的发展演变由于受传统文化、社会民族心理、政治需要等因素影响，在学习国外学校体育思想过程中片面批判、排斥，或盲目照抄照搬的现象较多。

（四）我国近现代学校体育思想经过两年来的发展，在学校体育的指导思想、地位、目标等认识上，在理论建设上都有了一定的进步，但尚未建立起具有鲜明中国特色的体育理论体系。

文中根据对所获资料的仔细分析，对建立具有中国特色的学校体育思想理论体系提出了有价值的建议。文章的结构和目录如下。

对我国近现代学校体育思想发展演变的初步研究

1 研究方法

2 研究结果与分析

2.1 我国近代学校体育思想发展演变及特点

2.1.1 清朝末年至北洋军阀统治时期（清末—1927）

2.1.2 国民党统治时期（1927—1949）

2.2 我国现代学校体育思想发展演变及特点

2.2.1 新中国成立至“文化大革命“时期（1949—1976）

2.2.2 拨乱反正、改革开放，全面建设社会主义现代化时期（1976 至今）

3 结论与建议

主要参考文献

示例二：

《培养体育后备人才试点中学运动训练的现状》（作者：左林、过家兴，《北京体院学报》1993 年第 16 卷第 4 期，北京体院出版社出版）

提示：此文是一篇以定性资料为主的论文。它与“对我国近现代学校体育思想发展演变的初步研究”的论文不同之处在于它不完全是纯文字的描述，而是运用了所整理的统计材料，以数量特征表达描述了培养体育后备人才试点中学运动训练的现状。此文主要针对我国竞技体育后备人才缺乏的问题，了解了试点中学运动训练发展状况，就如何充分发挥试点中学在培养后备人才上的优越条件，运用运动训练学理论对试点中学运动训练现状进行了较深入的研究。研究主要运用了调查法和询问法，对 72 所试点中学教练员、运动员的现状进行调查，并走访了部分的校长、管理人员、专家和学者。

研究中对所获得的资料根据资料的特征将其分为定性资料和定量资料。又根据资料反映事物的本质，将资料分为反映试点中学教练员和运动员的现状资料、反映试点中学运动训练现状的资料、反映试点中学运动效果现状的资料。

对所获得的量化资料进行一定的处理。如计数资料进行了百分比的统计；计量资料进行了平均值、标准差等统计。从而运用各种资料对试点中学运动训练的各方面现状进行了较深入的研究，运用资料的量化特征进行了定性方面的研究。应注意的是：此论文所获得的资料大都是直接资料，而前一篇论文以间接资料为主。通过研究得到以下结论。

1. 试点中学教练员的数量基本能满足运动训练学的需要，但多数教练员负担过重。多数教练员具有一定的学历和运动经历，但缺乏运动训练实践经验。

2. 试点中学运动员参加运动训练的动机是正确的，为提高试点中学运动训练水平创造了良好的思想前提，但需教练员的正确指导。运动员的文化学习和运动训练是主要矛盾。

3. 试点中学建立的运动训练目标、选材和运动训练时间、次数和方式，有利于运动水平的提高。

4. 试点中学教练员制定运动训练计划不尽合理，身体、技术、战术训练中许多概念模糊不清，运动负荷安排不够科学。这种现状是影响试点中学体育运动训练水平提高的主要因素。

5. 试点中学已为国家输送了一批优秀体育人才，这些运动员在国际大赛中也取得了好成绩。但总体水平还很低，还远不能适应我国竞技体育发展急需大量高水平后备人才的要求。

通过分析提出了尽快提高我国试点中学运动训练水平的建议和对策。全文的结构和目录如下。

培养体育后备人才试点中学运动训练学的现状

左林 过家兴

前言
1 研究对象与方法
2 结果与分析
2.1 教练员和运动员的现状
2.1.1 教练员的现状
2.1.2 运动员的现状
（1）运动成绩
（2）参加运动训练的动机
（3）文化学习和运动训练的关系
2.2 试点中学运动训练的现状
2.2.1 运动训练目标
2.2.2 运动员选材
2.2.3 运动次数
2.2.4 制定运动训练计划
2.2.5 运动训练实施过程的现状
2.3 试点中学运动效果的现状
2.3.1 向有关单位输送体育人才的数量
2.3.2 参加国际体育比赛的成绩
3 结论与建议

第三节　定量资料的整理

一、定量资料整理的方法

与定性资料一样，定量资料的来源也有两个：一是实地源；二是文献源。前者包括问卷资料、结构性访问、实验记录和观察的记录等；后者主要是统计资料。由于来源不同。这两类定量资料在整理方法上也有所不同。但一般地说，统计资料的整理较问卷资料和结构性观察资料要简单，步骤要少。因此，本节将主要介绍第一类定量资料的整理程序。其过程通常分为资料的审查、分类与编码、资料的登录及汇总四个阶段。

（一）资料的审查

资料的完整性包括两个方面的内容：一是资料总体的完整性。例如，检查抽样调查中的样本数目是否达到要求。问卷的回收率很低时，要分析其原因及评估其对调查结论的影响。二是每份资料的完整性。例如，统计报表是否填报完全，问卷上各个项目是否都有回答等。我们必须尽量避免问卷上留下空挡，如果访问时得到“不知道”或“无可奉告”的回答，必须原封不动地登记。

资料的统一性检查，首先是检查所有问卷、报表登记填报方法是否统一；其次要检查对同一指标的数字所使用的量度单位是否一致，以及不同表格对统一指标的计算方法是否统一等。对统计资料，统一性检查就更重要。对统计资料的统一性审查包括两个方面：第一，审查指标的定义和分组的标准是否与自己研究的分类相一致，若不统一则不能使用这些资料，要想使用，必须根据自己的研究目的重新分类；第二，审查指标统计总体范围是否一致。

资料的合格性审查包括：（1）提供资料者的身份是否符合所规定的调查对象的身份。例如，一份调查优秀运动员的就业意向的问卷是由其家长填写的，就属不合格资料。（2）所提供的资料是否符合填报要求。例如，已知某县是体育落后县，而资料却表明它的体育超过了先进县，这样的资料的正确性值得怀疑。

（二）资料的分类和编码

1. **资料的分类。**问卷通常是由多项调查内容组成的，每一份回收的问卷反映了一个具体的研究对象，即特定个案对调查问题的具体回答构成一份个案档案。这些回答中，有些本身就是数字，如家庭人口、收入、年龄等，但大量是非数字回答，如性别、婚姻状况、职业等。为了进行分析，必须把这些非数字的回答转化成数字形式，编码就是将文字资料转化为数字形式的过程。可以使用阿拉伯数字编码，也可使用阿拉伯数字之外的其他符号来编码，如英文字母等。编码的目的是用一组变量表示各项调查问题，用每一变量的不同取值表示对这一问题的不同回答，从而使文字资料转化为数字形式。例如，回答者的性别，可用数字“1”表示男性，数字“2”表示女性。需要指出的是，这种数字仅起到一种代表的作用，并不说明任何数量上的意义。

2. **资料的编码。**编码分为两步：第一步是对回答进行分类；第二步是建立回答类别与变量数值间的对应关系。对某一特定变量如何分类，没有固定不变的方法，应视研究的问题与目的而定。例如，对回答者的职业这个问题，回答可能有几十种，如医生、理发师、大学老师、中学老师等等，可以相应将之分成几十类，编成几十个数字；也可以将其分成几类，如工人、农民、干部、军人等，从而编成几个数字。例如，在某些研究中，了解具有不同声望的职业的人对某个问题的态度，把职业分成几十类，编成几十个数字可能是适宜的；在另外一些研究中，把回答者的职业仅分成两类：体力劳动者和脑力劳动者，可能性更易于验证假设。对问卷中的封闭性问题，回答的分类在问卷设计工作中已经完成，这种情况下的编码只剩第二步的工作，即建立回答类别与变量数值之间的关系。对开放性问题，因事先不能预料到答案的情况，故无法在设计问卷时事先分类，这时的编码就要从第一步，即对问题的回答进行分类开始。为此需要从回收的问卷中抽选出一些问卷，首先将这些问卷中对此题的所有回答全部抄录下来，如果回答过长，则摘抄下来或大致浏览一遍，然后根据研究假设与研究目的进行分类。在这种情况下，分类的数量以多少为宜，是一个较难把握的问题。如果不加任何限制，或不想造成任何误解，类别数目就可能会与答案上数目一样多，而过多的类别会给分析带来极大的困难；若类别过少，则可能因将大量异质性的东西塞在一起而失去判别力。一般来讲，开始时分类可细一些，当分析不要求过细的分类时可以将某些类别进行合并。分类的多少还要考虑统计分析方面的问题。例如，类别太多，交互分类后每一类所包含的个案的数量就可能过少而达不到统计分析研究的要求。对开放性问题的答案的分类与封闭性问题的答案的分类一样，也必须遵循有效性、完备性、互斥性和同层次分类等原则。

任何调查中都不免有一些回答者对一个问题不作任何回答的情况，为此对问卷中的每个提问要增加一个无回答编码。在编制问卷和搜集数据时，研究者应尽量避免出现无回答，因为无回答会引起很多问题。不过，若出现了无回答，研究者就要在资料完整整理中对其进行编码。对无回答的编码原则上是明确区分无回答与其他回答，通常的习惯是用“9”或几个“9”来代表无回答。例如，如果某个问题的编码用两位数字表示感谢，则定义“99”为无回答编码。但是，当“9”这个数值可以是真实回答时，必须用其他不可能出现的数字作编码，例如，对年龄这一项，适宜用“0”作无回答。有些研究人员简单地以空白表示无回答，我们建议大家不要这样做。此外，对无回答的项目不能一概简单地认为是缺失数值或回答率低。统计缺失数据时，应结合回答人的情况分析，如行政人员不回答“技术职称”一栏是正常的，未婚者对“子女数目”也不会做出任何回答的。

对专门的社会调查，除对问卷或调查表中的所有问题进行编码外，还应对每一份问卷中包括的下述项目进行编码：问卷编号、问卷所属区域或部门、其他要进行统计的分类标准。如调查对象所在企业的所有制类型等。这些编码在数据处理中非常重要。例如，区域或部门编码的作用是：可以控制区域和部门回收问卷的数目；在汇总表中有更详细的分类，将各区域和部门的情况反映在表格上；可以分析不同地区和部门的各种社会现象，便于比较和鉴别。

对资料编码的方法，主要有三种：预编码、后编码和边缘编码。

1. 预编码。预编码的方法是在设计问卷时对回答的每一个种类都指定好其编码值，并印在问卷上。预编码主要是限于回答类别事先已知的问题，这些问题主要是封闭性问题，或回答已经是数字而不需作转换的问题。如调查优秀运动员就业意向：

你愿意从事何种工作呢？

（ ）1. 老师　（ ）2. 教练　（ ）3. 工人　（ ）4. 经商
（ ）5. 参军　（ ）6. 演员　（ ）7. 未决定

这里，每个回答前的数字就是其编码。如果某人的回答是“经商”，则以后在计算机内存储的此回答人对志愿的回答就是“4”。

预编码的优点是处理资料时比较简单，省力省时。它的缺点显然是无法用于开放性回答，因为我们无法事先知道回答的种类。

2. 后编码。后编码是指对问卷的编码过程是在问卷回收之后进行的，而不是与问卷设计同时进行的，多用于对开放性问题的编码。

后编码的方法尽管从效果上看是同预编码一样的。但从工作量上讲，这种方法比较费人力、费时间。所以，仅当问卷上要不可避免地提出开放性问题时，才使用此法。也正是由于这一点，现在许多研究人员倾向于尽量少用或不用开放性回答，以节省处理问卷的人力和时间。

3. 边缘编码。边缘编码实际上是一种预编码的方法，它与前面所讲的预编码的不同之处在于，这种方法现在应用得多，它不仅指定了编码值，而且给出了每个项目记录回答（编码）的空间。

边缘编码是在问卷上每个调查项目旁边的空白处标明填写编码的位置。问卷回收后，将每份问卷上的回答变成指定位置上的编码。

无论哪一种编码方法，都必须制作编码簿，用以指示每个编码的意义和变量的位置。编码簿的作用是建立变量和调查内容、变量值与回答类别的一一对应关系，它可以：第一，作为编码工作的指南；第二，使研究者在分析过程中便于查找变量及各个编码所代表的意义。要了解编码簿的构造，首先要知道资料卡片的构造。通用的资料卡片每张 25 行 80 列（表 5－1），也就是说，每张资料卡片可以登记 25 个调查对象的个案档案，当个案档案的数据超过 80 列时则需要 2 个以上的横行。编码薄的作用就是对每份问卷上的回答进行编码指导，并将经过编码的数据资料按一定规则转录到这种资料卡片上，在资料卡片上形成数据的集合，这种数据的集合称为数据库（或数据文件）。

表 5－1 登记表　　研究方向__________　　登记号__________

5 10	10 15	20 25	30 35	40 45	50 55	60 65	70 75	80
5 10	10 15	20 25	30 35	40 45	50 55	60 65	70 75	80

（三）资料的登录

根据编码簿将每一调查对象（即个案）的资料转化为数字形式后，过录到资料卡片上，建立个案档案和数据库（即所有个案的数据的集合）。登录是在编码以后进行的，登录的内容是把问卷或调查表上的数字资料（包括编码数字），依编码薄的规定，填到资料卡片上指定的位置。

登录有两种基本的方式：个案登录和总体登录。

1. **个案登录**。个案登录，即将各个调查对象的全部数据资料经编码的形式记录在一张张卡片上，即建立个案档案。

个案登录卡片在调查对象数量与调查项目较少，需用人工进行统计分析时比较方便，可以尽快统计各类的次数分布和交互分类。这种登录方法不适用于为电子计算机处理数据做准备。由于定量资料越来越多地采用电子计算机处理，这种登录方式已很少使用。

2. **总体登录**。总体登录即将所有调查对象的全部数据记录在一张资料卡片上，这种方法适用于为电子计算机处理做准备。在这种情况下，由于数据与项目之间的对应完全取决于数据所处位置，在登录时要非常注意不要漏掉字符。因为在某一项目处漏掉了一个字符后，此项目后面的项目的数据就全错了。登录工作完毕后，全部量化后的调查资料汇集到了一张总表上，这张总表就是我们进行定量分析的依据，又称数据库。数据库中的每一行代表一个调查对象的具体情况，即是一份个案档案；每一列或几列则是关于某一项目的全体调查对象的档案资料。

登录工作是一项重要的同时也是比较枯燥和容易疲劳的工作。因此，一定要集中精力，细致耐心，编码员和过录员要具备一定的文化水平并应经过培训，登录的字迹要清楚，登录完成后至少要校正一遍，注意看、读、写或填等过程中有无差错。

（四）资料的汇总

所谓汇总，就是根据研究的目的，对分类后的各种数据进行计算和加总，汇集到有关的表格之中，以集中系统地反映调查资料总体内部的数量情况。汇总的目的是：（1）初步了解数据的分布情况；（2）为编制次数分布表做准备；（3）为深入的统计分析做准备；（4）便于保存调查资料。

问卷调查取得的资料通常是大量的，因此一般采用电子计算机进行整理汇总。汇总的结果通常用汇总表的形式给出。

制作汇总表时，一般地应将封闭型问题放在汇总表的左侧，然后是半封闭型问题，最后则是开放型问题。在汇总表最后，一般要设一个征询意见栏，它是问卷中结束语的一个组成部分。

二、整理定量资料完成的论文示例

《应用尿蛋白评定运动员的身体机能状态》（作者：冯炜权等，获1992年国家体委体育科学技术进步奖三等奖，刊登在《北京体院科学论文选》（1953—1993），北京体院出版社出版）。

作者主要采用实验法对运动员的尿液、血液进行了测试，从而获得了各项生化数据。其研究对象主要为北京体育大学各专项的学生及国家现代五项运动员、国家击剑运动员，总计109人。所获得的资料都为直接资料，其资料的性质都为定量资料中的计量资料。作者将资料按测得时间分为晨起、安静时数据、训练时数据和训练后的数据；按不同强度分为100米、400米、800米、1500米、3000米跑等的数据；按不同距离的间歇训练又分为12×100米、6×200米跑和持续训练的数据；按运动项目又分为游泳、中长跑、拳击等各项目的数据。

作者将各种数据分别进行了平均值、标准差、t检验等统计处理，从而使各资料具有可比性。通过对资料的比较、分析、分别获得了尿蛋白与运动强度、尿蛋白与训练方法、尿蛋白与恢复过程、尿蛋白与运动员身体机能状态及NAG酶、尿胆原等与运动和训练有关的量性关系，并得出以下结论。

1. 运动后尿总蛋白、尿白蛋白和B2－MG排泄量与强度大、血乳酸较高、持续时间又较长的运动有关。运动后尿蛋白中各成分恢复速度不同。

2. 尿NAG酶在运动后升高，它和训练水平、训练方法、机能状态等因素有关，可作为机能判定指标。

3. 尿胆原在晨尿中的变化与机能状态有关，可作为机能判定的指标。

4. 运动性蛋白尿中蛋白质、NAG酶的排泄物量表示法以ug/min或mg/min为宜。

5. 尿液各成分排泄量受个体差异等因素影响较大，由于取样方便，在训练中应系统观察。

全文的结构和目录如下。

应用尿蛋白评定运动员的身体机能状态

冯炜权、冯美云、张爱芳、徐晓阳、张缨

前言
1 研究对象与方法
2 研究结果与结论
2.1 尿蛋白
2.1.1 尿蛋白与运动速度
2.1.2 尿蛋白与训练方法
2.1.3 尿蛋白与恢复过程
2.1.4 运动性蛋白尿的处理
2.2 尿 NAG 酶
2.2.1 运动对尿 NAG 酶的影响
2.3 尿胆原
2.4 应用尿蛋白评定运动员身体机能状态的几点体会
3 结论

本章复习思考题：

1. 试述体育科研资料分类方法。

2. 试述定量资料的整理方法。

3. 请详细阅读 2 ~4 篇定性、定量资料的论文，并分析其资料是如何分类、安排、运用的。

4. 以统计排球比赛中发球、传球、垫球、扣球、拦网成功率为内容，绘制一张统计表。

第六章　分析资料的方法

第一节　定性分析方法

一、类　比

类比法就是根据两个（或两类）对象之间在某些方面相似或相同，而推出它们在其他方面也可能相似或相同的一种逻辑推理方法。类比法以比较为基础，通过比较找出它们之间的相似点，然后以此为根据，把其中某一对象的有关属性推移到另一对象中去。

类比法具有思路广阔、富于探索性和创造性的特点，是理论思维的推理形式。在体育科研中，无论是科学假说的建立，还是重大结论的创立，都会得到极大的启示，尤其是在新学科的建设及教学、训练方法、技战术的创新中，类比推理具有广阔的发展前景。

类比推理的具体结构和原理可用下列公式表示：

A 对象具有属性 a、b、c、d；
B 对象具有属性 a、b、c；

所以，B 对象可能也具有属性 d；

在实际运用类比推理时，要以研究的目的为依据，去选择类比对象，进行类比推理。例如，根据两个运动项目具有某些相似的特点和规律，我们可以从两个项目的选材、素质训练、技战术运用等方面相互借鉴，像篮球、排球等。实践中最突出的例子是：通过田径的中长跑项目与游泳项目的类比，使游泳应用了先进的训练方法（间歇训练法等），迅速提高了运动技术水平。

类比方法的可靠程度往往由两个（或两类）事物的属性的多少及属性间的相

关程度的大小来决定的。在学校体育科研中，类比推理从先进的理论、方法与观点的引进，乃至科学结论的推广，都具有十分重要的价值。

二、比较与分析

一般来说，人们认识事物是从区分事物开始的，而要区分事物，首先就得比较。有比较才有鉴别；有比较才能发现事物间的差异、特征和本质规律。因此，比较方法是科学研究中最常用的一种逻辑分析法。

在实践中，根据不同的标准，比较方法可分为下面三对最常见的类型。

（一）同类比较与异类比较

这是根据研究对象的同一性和差异性划分的，通过比较“看出异中之同或同中之异”（黑格尔语），从而把握研究对象的特殊性和共性。

同类比较就是通过对两种或两种以上同类对象的比较，揭示那些表面上相似的对象之间的相异点，即同中之异。这种比较应用较广，范围可大可小，只要是同类事物就可以。如同一社会制度下的不同国家、地区、学校的体育发展水平包括学校体育的管理、教学条件（教学大纲、教材、场地设施等）、训练水平、教师状况、学生的基础等等，都可以进行比较和分析，从中找出相异点、产生的原因和发展趋势。

异类比较则是通过对两种或两种以上的异类而认识其相同点的方法。通过比较，可以认识到表面相异的对象之间有其共同性，即异中有同。例如，不同社会制度下的国家、不同环境条件下的地区、不同类别的学校体育领域中各种问题的比较研究，通过比较从中找出共性特征和共同规律。

（二）异期纵向比较与同期纵向比较

这种比较方法完全是以研究对象的历史发展和相互联系为依据，从比较中揭示事物的发展速度及规律。

异期纵向比较是对同一对象在不同时间内的发展、变化情况进行比较的方法（也称为历史比较或垂直比较方法），这种比较是体育和体育史等学科中的基本研究方法之一。通过这种比较可以追溯事物的发展、历史渊源和确定事物发展的历史顺序与进程，从中可以总结经验，发现问题，以及预测事物的发展趋势。例如，我们对体育的目的、任务的演变过程，教学大纲、教材内容及各种教学、训练手段与方法的发展的比较，不仅可以从中把握演变规律，而且也会对今后的改革有重要的参考价值。

同期横向比较是把同类的不同比较对象在同一标准下进行比较，从中揭示不同对象的异同。进行这种比较时，不同的对象无须是联系的或相互影响的，但处于相同历史时期。例如，中日两国或东西方体育教育的交流及相互影响的比较，国内不同地区、学校体育开展的异同比较等等。

（三）宏观比较与微观比较

这种比较是根据比较对象的整体性和局部性而划分的，但没有严格的界限。

宏观比较是对较大范围的各种对象进行整体比较。如不同国家和民族的体育思想、体育观念及教学、训练、管理体制。

微观比较则是针对宏观而言的，着重于局部的比较，甚至可以就一种观点或一项指标、一组数据进行比较。

比较作为一种基本的逻辑方法，在学校体育研究中有着广泛的作用，但也有其局限性。在实际运用中应注意：第一，研究对象必须具备可比性（尤其是异类对象的比较），用来比较的对象属性需用同一单位或标准去衡量；第二，要有较精确、稳定的比较。

三、归纳与演绎

（一）归纳方法

归纳法就是从个别事实中概括出一般原理的一种推理方法。它以个别观察的事实为依据，概括、抽象出一般的结论。例如，“力量是篮球运动员最重要的素质”的结论的形成过程如下：篮球比赛中，需要起动快、跑得快，与力量和加速度有关；篮球比赛中，需要跳得高，需要爆发力和弹跳力，与力量和加速度有关；篮球比赛中，需要手指手腕力量，与力量和准确性有关。结论：力量是篮球运动员最重要的素质。

上述结论是在对已有的知识经验基础上进行归纳推理得出的。归纳推理常用的方法有以下三种。

1. 完全归纳法。完全归纳是根据对某事物的全体对象所具有某种属性的研究，做出其概括。因而其结论一般都比较可靠。

2. 简单枚举法。简单枚举是根据对几个对象所具有的某种属性的研究，做出某种概括。因而其结论的可靠性完全取决于所枚举事例的数量与代表性。通过简单枚举法所得的结论只能适应于一定的范围。例如，通过调查几例独生子女的家长而得出普遍不同意自己的子女从事体育专业的结论。这一结论，可能具有代表性，也可能以偏概全，可能只限于某一时期或某一范围，也可能是指某些项目等等。这一例证表明：简单枚举具有一定的局限性。

3. 判明因果关系的归纳法。判断因果关系的归纳法是根据对某一类事物部分对象的本质属性和因果关系的研究，判明此类事物的本质属性及因果关系的归纳推理方法。判明因果关系的归纳法又称“穆勒”五法，即求同法、求异法、同异法（求同、求异共用法）、共变法和剩余法（具体结构和原理参见有关形式逻辑专著）。

判明因果关系的归纳法的优点在于，由于它把因果规律作为逻辑推理的客观依据，并且以观察、实验、调查的结果为基础或前提，按因果规律进行逻辑推理，因而所得结论一般是可靠的。在体育科研实践中，常用这种方法进行对照实验和析因实验，以及用于整理和分析有关的经验事实材料。

（二）演绎方法

演绎方法与归纳法相反，它是从一般原理推演出个别结论的一种逻辑方法。演绎推理的主要形式是三段论。三段论是由大前提、小前提和结论三部分组成的。其结构一般用下图表示：

大前提：M——P

小前提：S——M

结论：S——P

例如：从事体育运动（M），可以增进健康（P）

长跑（S）是一项体育运动（M）

所以，从事长跑运动（S）可以增进健康（P）

从上例可以看出，演绎推理是一种必然性推理。因为推理的前提是一般，推出的结论是个别，一般中包含了个别。凡是一类事物中所共有的属性，其中的每一个别事物必然具有。然而推出的结论是否正确，主要取决于推理的前提和正确性，以及推理的形式是否合乎逻辑规则。

例如：　　大前提：会游泳的人都在南方
　　　　　小前提：李 XX 是南方人

　　　　　结论：所以李 XX 一定会游泳

上例由于大前提失真而导致虚假的结论。

我们在科研实践中，运用演绎推理时，“如果我们有正确的前提，并且把思维规律正确地运用于这些前提，那么结果必定与现实相符”。演绎推理的一个显著特征，就在于其结果具有必然性，因而具有不可抗拒的逻辑力量。

四、分析与总结

分析是指对研究对象的某一现象的整体解剖，并从现象逐渐深入到本质的思维分析的一种方法。而总结是指在已经认识研究对象总体本质属性的基础上，将其组成的各方面的本质有机地联合成为整体的思维过程的一种方法。它实际上是将研究事物内部上下之间、左右之间及其关系加以融合使之构成一个整体来进行有目的的探讨。

分析与总结既有联系又有区别；既互相对立，又互相统一；既互相渗透，又互相转化。分析的终点是总结的起点，总结的终点又可为进一步分析的起点，并可通过总结来检验分析所得结论成果的正确性。这两种方法均从属于认识运动与思维过程的需要，实际上，分析过程有总结，总结过程有分析，只是各自重点不同而已，但不能分割。

五、证明与反驳

证明是指在研究实践中，为了阐明一种论断、观点和思想，往往需要列举一定的事实或科学原理作为依据来加以论证这种论断、观点和思想的正确性的方法。也即是利用已知的正确判断来确证未知的判断的真实性与否的一种逻辑方法。这种逻辑论证是一个思考过程，它的正确与否完全依赖于是否与客观现实相符。而反驳是指在研究实践中，引用一些已知确定为真的正确判断，来驳斥和确定某一论题的失真或论证不能确立的方法。

证明与反驳是相互联系的。在诸多体育研究实践中，往往需要及时解决一些提出来需要加以证明的问题，同时又要反驳他人相对应提出的错误论题观点。

第二节 定量分析方法

一、数理统计分析方法

统计分析，就是根据体育科研任务的要求，依据所搜集的资料和数据，运用统计综合指标和各种分析方法，较精确地分析各种现象的数据关系，通过量化揭示事物的性质、特点及其变化规律与发展趋势。在学校体育科研中常用的统计分析方法有以下几种。

（一）集中与离散趋势的分析

1. 集中趋势。集中趋势又称为数据的中心位置、集中量数等。它是一组数据的代表值，表明一组数据的典型情况和平均水平。在体育科研实践中通常反映集中趋势的量数有：众数、中位数、平均数。

（1）众数：众数是一种常用的集中量数（是有一组数据中出现次数最多的数据），常表示一组数据的分布情况。它的优点是：确定方法简洁明了，不需要进行繁琐的计算，不受数据特殊值的影响（比较适应数据非正态分布情况）。缺点是：受次数和分组的影响，稳定性较差。

（2）中位数：中位数是代表一组数据定序排列后的居中数值。因中位数将所有数据平分，所以有时被用来代表平均水平。中位数适用于定比、定距的变量。其优点是：不受每个数据的影响，尤其是不受两极差较大数据的影响。缺点是：因它在推求中不受两端数据的影响，所以损失的信息较多，敏感性较差。

（3）平均数：平均数又称均数或均值，是一组数据总和的平均。它比较稳定，最能代表集中趋势。其优点是：计算简单，参与各种统计分析。缺点是：易受极端数值的影响而掩盖其原数据中极值的区别。

在实际应用中，平均数也有其特殊形式。例如，加权平均数是在计算普通平均数时，考虑到每个量数在全部数据总和中的实际重要程度之不同，将每个量数乘以代表此量数重要程度的权重系数，然后再进行相加平均。它比较适用于教学质量与学习效果的评价。而几何平均数则是在计算中考虑数据的波动情况而采取的特殊计算形式。

2. **离散趋势**。离散趋势是反映一组数据的差异情况和波动范围的量数，是补充集中趋势来说明全貌的。常用量数有：标准差、四分位差等。

（1）**标准差**：标准差是以各数据对平均数的偏差为依据所求得的一种差异量数，用以表示一种数据的离散程度。在一组正态分析值中：$\overline{X} \pm S$ 范围里包含 68.5% 的数据；$\overline{X} \pm 2S$ 的范围包含 95.5% 的数据；$\overline{X} \pm 3S$ 的范围包含 99.7% 的数据（$\overline{X}$ 为平均数、S 为标准差）。标准差是统计分析中不可缺少的统计量数，常用于制定评价标准。

（2）**四分位差**：四分位差是指在一组按数值大小排列的数据中，由第 1、2、3 点将全距分为四分位（25% 的数值为一分位）。四分位差的计算简便“不受极值的影响”多用于特尔裴调查法的结果运算与分析。

（二）动态分析

动态分析是指对时间变化的一类指标或一组观察数据进行分析和描述，以期探索事物的变化规律、特征与发展趋势。在体育科研中多用追踪观测、调查和预测方法。动态分析最常用的统计数有：均值、增长值、增长率、定基比与环比等。

（三）相对数的分析

相对数是指表示两个（或多个）有联系的指标之比，可用来说明体育现象相互联系和对比关系的程度。通常所表达的数量有：倍数、百分比、指数等。相对数在体育科研中的应用尤为广泛。例如，在体质评价中有（体重/身高）$\times 100\%$ 反映人体的营养状况，在体育课的运动负荷评价中用$\frac{\text{运动后心率}\ \overline{X}}{\text{运动前心率}\ \overline{X}} \times 100\%$ 反映强度水平的高低等。

（四）假设检验的应用

假设检验是运用“反证法”的推理作统一检验，以证明样本（或总体）之间的差异所在（即是条件误差还是抽样误差）。常用的统计检验有：t 检验、正态检验、秩和检验等。

（五）方差分析

方差分析又称 F 检验，是通过观察、实验一种或多种因素变化，比较各种结果之间的差异，判断引起误差的主要因素，从中选择最佳方案。常用于不同教学法的实验效果分析。

（六）相关分析

相关分析是研究与测定两组或两组以上变量的相关关系，并寻找合适的数值来反映相关密切的程度（相关系数）及相互影响的重要性。相关类型有：正相关、负相关和零相关，简相关和复相关，以及等级相关。相关分析在体育科研中应用很广，如探索青少年生长发育规律与各项身体素质之间的关系，揭示影响运动成绩提高的内在因素等等。

（七）回归分析

回归分析是在确定两变量（或多个变量）之间存在相关关系后，根据研究的目的，判断自变量与因变量之间函数关系的近似表达式，从而进行推算和预测。回归分析的方法有：直线回归、曲线回归、多元回归和逐步回归等。回归分析多用于运动选材、制定训练模式、体质综合评价及体育的预测研究。

（八）聚类分析

聚类分析是对众多指标进行处理、计算各指标的相关关系，并根据它们之间的密切程度聚成若干类，从中挑选出具有代表性的典型指标。常用的类型有：R 型聚类（指标聚类）和 Q 型聚类（研究对象聚类）。R 型聚类多用于筛选教材，修改锻炼标准等；Q 型聚类多用于选材、综合评价。聚类分析是回归分析与判断分析的基础。

（九）判别分析

判别分析就是用若干个统计指标的判别分析式来判别新的研究对象的属性与类别。判别分析一般有：两类判别和多类判别。判别分析可用于初级运动员选材、体质评价及体育教学中素质分组等。

（十）主成分分析

主成分分析是对相互联系的各种变量通过分析运算，从中找出影响这些指标的主要成分或主要因素。主成分分析一般有：R 型因子分析（指标之间）和 Q 型因子分析（研究对象之间）。主成分分析往往在因素（指标）较多必须从中找出主要成分时采用。如影响运动成绩的主成分分析，体育教师各种能力的主成分分析，以及教学、训练水平的评价等。

二、预测方法

预测研究是指人们利用已掌握的体育知识和现实的资料与数据，运用科学的方法，预先推测事物未来状况与发展趋势。

定量预测是数学的方法，它通过研究某事物（因素）在数量方面的变化，推测此事物未来的发展趋势及其结构关系。在体育科研中常用的有：趋势外推、回归预测法等。

（一）趋势外推法

趋势外推是根据预测对象从过去到现在的发展趋势，推测其未来某阶段（时期）的状态。趋势外推的种类有：线性外推（直线外推、曲线外推）、时间序列外推（移动平均法、指数平滑法）。这些方法可用来对学校体育发展总体水平、青少年生长发育规律及运动成绩进行预测等，但这种预测是以从过去到未来发展变化的幅度不变，或变化不超出一定范围为前提的。

（二）回归预测法

回归预测主要是根据数理统计中建立的回归方程进行预测。回归预测不但能排除对预测目标不相关的因素，而且可以对相关因素的密切程度（贡献率）加以综合考虑。因此，有可能提高预测的可靠性和准确性。

三、模糊数学方法

在体育领域中，众多的现象和规律难以用精确的语言、经典数学的量化来描述，需要用模糊概念、模糊集合进行分析研究。常用的方法有：模糊相关分析、模糊聚类分析、模糊判别分析及模糊综合评判等。例如，对体育教师、教学质量、教学效果的评价等，许多指标难以精确定量，可通过有经验的专家对所要评价的内容的重要程度给出一定的系数（权重系数），因而制定出的评价标准就能更接近客观情况。

本章复习思考题：

1. 试述定性资料的整理方法。
2. 试述定量资料的整理方法。
3. 举例说明定性分析法、定量分析法。
4. 请阅读2篇论文，并分析如何运用比较与分析的分析方法。

第七章　体育科研论文的撰写、报告和评价

第一节　科研论文的撰写要遵循国际惯例

人类社会已经步入新的世纪，全球化、知识化和可持续发展已成为未来人类经济和社会发展的主要特征。科学知识的拓展、传播和应用已成为人类文明进步唯一可依赖的、可不断拓展的资源和不竭的动力。科学研究的论文作为人类知识继承和积累的载体，在未来社会中发挥着越来越重要的作用。为了使我国体育科学研究的成果尽快走向世界，使创新成为科研人员和大学生的思维习惯，在科技论文写作体例和实施方法等方面，必须遵循国际惯例，了解、熟悉并符合国际科学界与同行的规矩和习惯做法。

一、科研论文的定义与特点

科研论文是指在某一科学研究领域专门表达对某一研究新成果、新知识的科学记录及其某些原理应用于实践中取得新进展的科学总结。它属于一种独特的文体，从现代信息学、传播学和接受学的角度来看，科学研究的论文应具备以下几个特点。

（一）科研论文的标准化

标准化是社会生产的产物，是科学管理的基础和保证。作为科学知识拓展、传播的载体，科研论文的撰写要遵循标准化的有关规定和国际科学界的一般惯例。标准化工作起始于 20 世纪初，1947 年在日内瓦成立了国际标准组织（International Standards Organization 缩写为 ISO）。它有 182 个技术委员会、640 个分委员会和近千个工作机构，其中与科研论文撰写相关的有文献工作标准化技术委员会，技术制

图标准化委员会，量值、单位、符号及换算系数标准化技术委员会，术语标准化技术委员会，印刷技术标准化委员会，符号和代码标准化委员会。我国在科技论文和成果报告方面已经颁布了数十个标准。如《科学技术报告、学位论文和学术论文的编写格式》《中华人民共和国国家标准·文献著录总则》等。随着科技信息交流的网络化，国际标准化期刊从撰稿格式、编排格式、出版格式都有新的要求，那么，体育科研论文的写作，必须在格式、名词、术语、符号及计量单位等方面符合标准化的规则。例如，《体育科学》《中国运动医学》《中国体育科技》《西安体育学院学报》等体育科技期刊，已加入了中国学术期刊（光盘版）并入网“万方数据（Chinalnfo）”的系统科技期刊群，对体育科研论文的撰写提出了新的标准化要求。

（二）科研论文的创新性

随着社会科学技术的发展，当今以电子计算机为代表的微电子技术，以及光导纤维、生物工程、空间技术、海洋技术等新的技术群体的产生与发展，即将把历史的列车牵引到一个新的时代，新的时代对人们的创造力提出了更高的要求，也就是持续创新。作为人类知识继承和载体的科技论文，创新性是其最根本的特征。体育科技论文的创新体现在建立新的理论，提出新的设想、新的观点，探索新方法、新技术在体育实践中应用等方面。如果没有创新的特征，就不能称之为体育科研论文。

（三）科研论文的参考性

现代科技成果最基本的特点是其科学知识、科学理论和科学方法的历史继承和发展。在科学研究上的大胆创新和充分尊重前人的研究成果是辩证统一的。科学研究贵在创新，没有创新就没有科学的前进与发展。从这种意义上来说，科学没有第二，但是科学又是连续性的，是对前人科学知识的继承和发展。正如大科学家牛顿所言：“我看得更远是因为我站在巨人的肩膀上。”科学研究的论文的参考性，体现在论文要尊重前人已取得的成果上。任何研究论文，必须充分掌握现有的科学文献，而且要正确地引用、表述前人的成果，并明确地根据有关规定和格式著录在论文中。

二、科研论文的类别与结构

现代科技论文，根据论文的内容特征、学科性质及写作目的等可以分为不同的类型。我国科研论文一般按期刊内容特征分为人文社会科学和自然科学技术两大类论文。高等学校的大学生，是未来科技创新队伍的主力军，大学生科研的基本功，是其创新素质和创新能力培养的基本内容。因此，在此着重分析大学生的毕业论文。

（一）大学生的毕业论文

1. **专科生的毕业论文**。作为高等学校的大学生，由于培养目标和专业要求不同，不同层次的毕业论文有着不同的具体要求。从各高校来看，对专科毕业生均要求撰写毕业论文或毕业设计说明书。目的在于培养学生全面综合运用所学本专业基础理论、专门知识、基本技能分析和解决实际问题的能力。专科毕业论文是在教师指导下独立完成的一份带总结性的作业，是从事科学研究的初步尝试，要求学生初步掌握科学研究的方法和技能，加强科学研究规范的基本训练，取得撰写科研论文和创新设计的初步经验，为今后走向工作岗位独立解决问题打下良好的基础。专科生的毕业论文，经审阅通过后，可以作为毕业的综合性考核科目，但不授予学位。

2. **本科生毕业（学位）论文**。高等学校本科毕业论文是毕业生为了获得学士学位而写的学术论文。根据《中华人民共和国学位条例》第 4 条规定：“高等学校本科毕业生，成绩优良，达到下述水平者，授予学士学位：较好掌握本门学科的基础理论、专门知识和基本技能；具有从事科学研究工作或担负专门技术工作的初步能力。”本科生的学士论文侧重于科学研究规范的基本训练，综合考察大学生运用所学本专业理论、知识、技能分析和解决问题的能力。学士论文的撰写，应在教师的具体指导下，在规定的时间内（一般为 3 ~5 个月）完成。根据条例的规定，学士学位论文要根据学士学位授予程序，经过由本校讲师以上教学人员所组成的学位评定委员会通过，才能获得学士学位。成人高等教育本科毕业生申请学士学位，除了以上规定之外，还须参加由省教育部门组织的外语和一门主干课程（或综合）考试，通过后由学位授予学校学位主管部门授予学士学位。

3. **硕士生毕业（学位）论文**。硕士生毕业论文是攻读硕士学位研究生所写的学术论文，其学术水平要比学士论文高。根据《中华人民共和国学位条例》第 5 条的规定：“高等学校和科学研究机构的研究生，或具有研究生毕业同等学历的人员，通过硕士学位的课程考试和论文答辩，成绩合格，达到下列学术水平者，授予硕士学位：在本门学科上掌握坚实的理论基础和系统的专门知识；具有从事科学研究工作或独立担负专门技术工作的能力。”硕士学位论文的撰写，也是在研究生导师的指导下完成的，时间一般在一年以上，要求研究生对本门学科的基础理论问题、重要疑难问题及实际应用问题有个人独立的见解，对所研究的课题有独创性，能够对本学科学术水平的提高和本专业的发展起到推动作用。硕士学位的授予应聘请1~2名与本论文有关的专家评阅，评阅人应写出详细的学术评语，供论文答辩委员会参考，答辩委员会根据答辩情况，就是否授予学位做出决议，并报送学位评定委员会，通过后才能授予硕士学位。在职人员的学位论文和申请学位按有关规定和办法进行。

4. 博士生毕业（学位）论文。博士生毕业论文是攻读博士学位研究生所写的学术论文。根据《中华人民共和国学位条例》第6条的规定：“高等学校和科学研究机构的研究生，或具有研究生毕业同等学力的人员，通过博士学位的课程考试和论文答辩，成绩合格，达到下列学术水平者，授予博士学位：在本门学科上掌握坚实宽广的理论基础和系统深入的专门知识；具有独立从事科学研究的能力；在科学或专门技术上做出创造性的成果。”博士学位论文是最高层次的学位论文，它要求在理论上和实践中超前提出新见解，具有独创性的成果，对别人进行同类性质问题的研究和其他问题的探讨有明显的启发性和引导性，在某一研究领域有突破性进展。博士学位论文的撰写也在一年以上，对博士学位论文的答辩和学位获得有更为详细的规定。

（二）体育科研论文的基本结构

体育科研论文因其研究内容、研究方法及学科性质等方面的不同，在论文的基本结构上有所差异，但总体结构要素大同小异。论文的基本结构一般包括题目、署名、工作单位、摘要、关键词、引言、研究方法与研究对象、研究结果与分析、结论与建议和参考文献等部分。这些部分又可分为三个大的部分。

1. 前置部分。体育科研论文的前置部分主要有题目、署名、工作单位、邮政编码、摘要、关键词、中图分类号、文献标识码、文章编号等内容，当然有的内容是科技期刊为作者提供的。作为大学生的毕业论文或设计还有封面、题名页、目录等内容。体育科研论文的前置部分写作与要求见下面的写作体例。

2. 主体部分。体育科研论文的主体部分主要有引言、正文或本论、研究对象与方法、结论与建议、致谢、参考文献等内容。主体部分是科技论文的核心组成部分，在论文的整体结构上，层次的标号必须统一，国际惯例的做法是用阿拉伯数字编号分级，层次清晰、引用简便、一目了然。主体部分的层次结构示例如下：

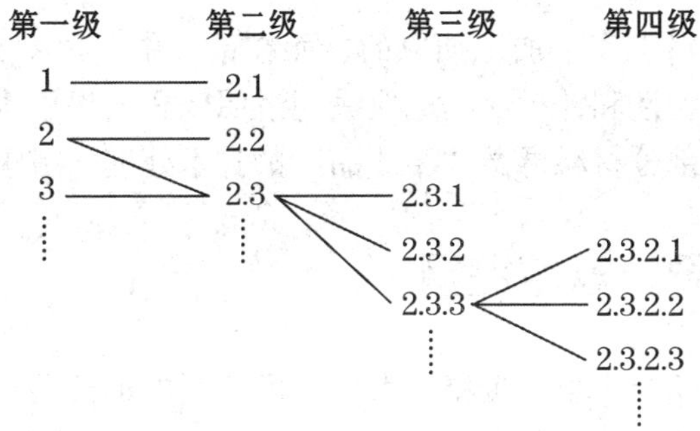

3. **附录与结尾部分**。体育科研论文的附录与结尾部分主要有与研究内容有关的附件（如调查问卷、数据图表等）、实验装置、实施细则、索引、后记、译名对照、封底等内容。有的科技论文把致谢、注释和参考文献也放在这部分。

上述文稿的三个部分，在科技论文的投稿中一些细节还不一样，要根据不同的科技期刊的约定与要求来进行。如有的期刊需注明作者的个人信息、题注等，国际交流论文还需在新的一页有页眉等。

第二节　撰写论文的一般步骤

撰写论文是一项创造性工作，必须经过周密准备，系统设计，才能确保论文的质量。

一、确立论点，选择材料

论点是科研论文的灵魂，是研究人员在长期研究过程中，从获取的大量材料事实中分析、综合提炼出的新观点、新见解，绝不是凭空臆造的东西。一篇论文的学术水平主要表现在论点的科学性、创造性与新颖性上。因此，需要在认真研究、分析材料的基础上通过科学抽象和逻辑加工，形成基本的论点，达到对事物本质的认识。

研究材料形成论点的过程，也是检验研究假设的最后形式。将论点与原假设的思路内容相对比，进而肯定、否定假设或补充修改假设。换言之，经证实、肯定的假设理论观点也就是从材料分析中形成的论点，就可以在论文中经论证形成科学理论。

论点是从大量材料事实中加工抽取的，而在论文中去说明论点的材料不能太多，要有代表性、典型性和针对性，选取最能说明问题、揭示本质的材料与事实，选出之后，将其中的部分材料再做“半成品”的技术处理，制作图表。

二、总体构思，拟定提纲

论文的总体构思相当于粗打腹稿，大致考虑论文的框架层次，明确论述中心，预计问题的排列顺序等，构思清楚，可收“胸有成竹”之效果，然后，再将构思的内容用书面文字表述出来，形成论文提纲。在拟定提纲时又可以改进、补充构思，提高原构思的质量，并更具直观性和条理化。提纲初稿形成后还需进一步修改，通过系统分析的方法，从论题中心出发，合理安排各个问题的顺序、层次，各问题、各部分的分量。力求结构合理，层次分明，重点突出。

常用的提纲形式有两种：句子式提纲和标题式提纲。句子式提纲是以精练完整的句子表达所论述问题的核心或要点，具有高度的概括性。标题式提纲是用能反映所选材料的特征、所论问题本质的短语或词，作为研究问题内容的大小标题。在实际运用时也可两者结合。

三、撰写论文初稿

按照事先拟定的论文提纲，并根据选出的已经整理加工的材料事实，完成初稿一般比较顺利。如果有整段时间，尽可能争取一气呵成。中途不宜停顿，也不要急于回头修改。在撰写初稿、深入问题后，原来对个别问题的提纲安排会显得不尽合理，在写作时可适当改变提纲。

四、认真修改定稿

论文初稿完成后，作者争取有一段时间放松头脑，转换生活内容。然后以读者的眼光对初稿认真审读修改，这是保证论文质量的至关重要的一环。有些论文质量不高，并不是其素材不好，而是作者不做认真的审读修改所致。初次进行科研的人更应注意锻炼修改的基本功。在修改文稿中力求反复推敲、锤炼字句、协调结构、理顺层次、纠正错误、去掉语病。完成各种学位论文的学生，每修改一次后应交导师审阅，征求导师的意见，如此修改几次后再未发现明显缺陷，就可定稿。

第三节 体育科研论文的交流与报告

一、学术交流的形式

学术交流主要有书面交流和会议交流两种形式。书面交流，即将自己的研究成果按照此前所述的科技论文撰写体例与要求发表在有关的专业性学术刊物上。这种方式，学术水准较高，形成了永久性的文献资料。学术会议是学术交流中较为活跃的一种形式，学者们或同行将自己的最新研究成果拿到学术会议上报告、交流、研讨，以便接受同行的评价、检验，吸取新的资讯并不断完善。现代学术会议交流主要的形式有以下几种。

（一）大会主题报告

现代科技成果的会议交流，都是由主管主办部门在广泛征询各级部门、专家意见的基础上，围绕着重大问题或方向来进行的，其主要目的就是把握某一领域科学发展的整体趋势，具体的体现在科技交流的主题上。例如，1998 年在曼谷举行的第 13 届亚运会科学大会的主题是“体育的现代方式”，昭示着科学技术对发展现代体育所发挥的作用。1999 年在我国武汉举行的第 3 届亚洲——南太平洋地区国际运动心理学大会，主题是“东方的召唤”，意在突出东西方文化交融与合流的时代趋势和亚太地区在全球文化、科技发展中的独立地位。围绕着大会的主题，组织者一般要邀请在某一领域的杰出学者和有一定影响的专家做特约报告或主题报告，如在 20 世纪 80 年代开创计算机指导训练的美国著名运动生物力学学者艾利尔博士在亚科会上报告了生物力学通过网络辅助训练的进展情况。美国著名运动心理学家 D. M. Landers 教授在第 3 届亚洲——南太平洋地区国际运动心理学大会上报告了表象训练在心理训练中的最新研究进展。

（二）专题报告

学术会议中的专题报告，一般是围绕会议主题所要研究的重点领域进行的。会议交流之前均有组织者公开颁布的主要选题指南，其主要特点是不同交流者对某一类问题或某一门学科的问题进行专题讨论。如第13届亚科会共分运动心理学、运动生理学、运动医学、运动生物力学、体育社会学、运动营养、运动与运动成绩、运动训练、新技术应用9个专题。专题报告的时间一般在20~30分钟，甚至在60~90分钟，可根据组织者的要求来进行。

（三）墙报交流

墙报交流是近年来国际学术交流的常用形式，尤其是在研究内容中有许多图片、表格或存在语言问题（国际交流）时更具有优越性，而且墙报展示的时间不受限制，有充分的时间与作者面对面地交流。按照国际惯例的做法，墙报粘贴板通常是100厘米（宽）×150厘米（高），较流行用A4纸打印约1米距离内眼睛清晰可见的字号，然后分块张贴布置展板，也可以将文稿整体设计在组织者规定的展板上，并附有作者的简介等信息，便于与同行进行学术交流。随着科学技术和高科技技术的发展，墙报交流的形式将成为学术交流的重要窗口。

（四）口头报告

口头报告是学术会议较为正式的一种交流方式，一般要求用大会规定的语言来报告，时间为20~25分钟，其中包括5~10分钟的讨论。口头报告普遍采用了目前国际流行的PowerPoint计算机软件视听表达方式，在整体上提高了论文报告的效果。由于口头报告受时间的限制，因而报告完成后，与会代表与同行就报告的论文中感兴趣的问题或研究过程中的细节可以向作者提问，相互学习，共同提高。

二、大学生毕业（学位）论文的报告与答辩

如前所述，根据《中华人民共和国学位条例》及国务院《学位条例暂行实施办法》，学位授予单位应设立本科大学生、研究生学位评定委员会，并组织有关学科的学位论文答辩委员会，对大学生和研究生的论文进行审查与答辩。毕业答辩，既是考查学生知识与能力综合水平的主要环节，也是大学生、研究生全面回顾、总结并鉴定自己学习成绩的机缘，又是培养大学生、研究生创新能力的重要手段与途

径，更是大学生进一步将自己所学投入所用的新起点。

（一）毕业（学位）论文答辩的目的和意义

毕业（学位）论文答辩是一项严肃而庄重的工作，对即将毕业的大学生有着十分重要的意义。大学生、研究生经过自己的努力，在教师的指导下撰写完毕业论文，经评审人写出评审意见，紧接着组织学生进行论文报告与答辩，这是教学实践过程的最后一个环节。本科生都是生平第一次参加这样的公开活动，都会以一种积极而兴奋、严肃而庄重的心情来迎接这一光荣而神圣的时刻，而研究生的学位论文答辩更为严肃，它是审查和检验研究生学业和能力的最重要的形式。总之，论文答辩的主要目的在于以下几方面。

1. **了解论文的写作与研究过程。**了解论文的整个写作过程，从问题的提出到设计、研究资料的收集再到运用，所涉及的知识的广度与深度，实验设计与动手操作的能力等，重点了解学生论文中不清楚、不详细、不完备、不恰当之处。

2. **检验学生综合能力和创新的见解。**通过论文答辩来检验学生发现问题与解决问题的能力，测试学生的思维能力、应变能力、口头表达能力、反应能力、基本教学与实验设备的操作能力等，检验学生能否对自己提出的创新见解有充足的理由。

3. **帮助学生总结提高。**通过论文的答辩来帮助学生总结、掌握和提高科学研究及文章写作的技巧和方法，指出论文中没有考虑到的问题和环节，帮助学生提高分析问题及理论与实践相结合的能力，进一步加深学生对所学知识的理解、掌握及巩固的程度。

4. **评定最终学习成绩。**论文报告与答辩是大学考核制度的一种重要形式，通过答辩对学生的学业成绩进行综合评价，引导学生对本课题或有关课题做进一步的思考和深入研究。

（二）毕业（学位）论文答辩的一般程序

高校学生论文的报告与答辩，是以专业或学科成立的答辩委员会对学生论文的集体审查。答辩委员会由 5 ~ 9 人组成，如果是本科生的论文答辩，也可以设若干个答辩小组。论文报告与答辩的一般程序如下：（1）答辩委员会主席介绍答辩委员，并宣布注意事项；（2）学生自述，做论文报告；（3）答辩委员提出问题；（4）学生回答问题；（5）答辩委员会主席（或小组长）作小结。

（三）做好论文答辩报告的准备工作

1. 思想准备工作。主要明确答辩的目的，对论文答辩的意义有个清楚的认识，要端正态度，防止和克服对待答辩不正确、不正常的一些心态，如小事一桩，无所谓，临毕业还不放过我们等。同时，要树立自信心，克服茫然、恐惧、自卑等心理，积极向教师和留校的学生请教，针对自己的论文和自身的某些缺陷，做好思想准备。

2. 答辩报告的内容准备

（1）根据论文的结构和报告时间撰写论文答辩报告稿（演讲稿）。答辩稿的主要逻辑路径是：研究这一问题的背景是什么？怎样进行研究工作的？主要的结果是什么？如何解释？最终的结论。答辩稿的写作一定要考虑报告的时间，还要考虑报告是演讲，而不是照本宣科等因素。

（2）制作电子演示文件或幻灯片、胶片。现代科技成果的交流与传播，显著地突出了多媒体的视听效果。大学生更是现代科技成果的推广者和利用者，在毕业论文答辩中采用电子演示文稿，已是很普遍的事情。它的作用：一是能强化论文报告的时效性，给他人留下深刻的印象；二是通过生动形象的多媒体演示来展示自己的研究成果，可以充分反映和发挥答辩者的创造性。

（3）对答辩委员可能提出的问题做成卡片。在论文答辩准备过程中，要对论文所涉及的基本概念、原理、相关学科的理论及论文工作中的一些细节，如数据计算的公式等内容，限于论文篇幅，不可能全部写在论文中，但在论文答辩中又有可能提问，这样就得对此问题预先做些卡片，以便在论文答辩过程中参考使用。

3. 物质条件准备。物质条件的准备主要指答辩过程中所涉及的仪器设备、环境场地、参考资料等实物条件及衣着头面等。例如，幻灯、投影仪、录音带、挂图、实物模型等需要当场演示的器具及必要的参考书；同时还要准备诸如铅笔、笔记本等，以便记录、回答问题时使用。尤其是答辩时要衣着整洁、梳理头发、配置领带。因为毕业答辩是一项严肃而庄重的学习、学术活动，一个有教养的大学生应是庄重、大方、健美、富有朝气的，切忌不修边幅、举止轻浮。

4. 模拟报告。为了使论文报告达到预期的效果，需要在上述准备的基础上，进行模拟报告。模拟报告可在指定的答辩地点进行，甚至可以在学生宿舍进行。同学之间相互报告，相互提问题，可以加深对论文的记忆，发现存在的问题，掌握报告的时间和节奏，感觉报告的视听效果。模拟报告力求达到脱稿。

（四）报告与答辩的具体过程

1. 简要自我介绍。当答辩委员会主席宣布论文报告开始后，答辩人用很精练的语言向与会的委员和听众介绍自己的姓名、班级、专业，为答辩作一个有礼貌的开篇。介绍时应热情自然、彬彬有礼、文雅得体。

2. 论文报告。首先论文报告过程中运用精练的语言以演讲的方式提纲挈领地将主要的研究内容展示给听众，通常是根据已经准备好的演讲稿，以文献回顾开始，提出问题并阐述研究的目的，简述研究的方法，重点报告研究结果并予以简要分析，最后阐明作者观点做出结论。其次，注意电子演示文稿、幻灯、胶片等声像技术与报告的有机结合。第三，在报告中注意姿势、表情、手势自然大方，充分利用给定的时间，避免过于短促、词不达意、不知所云。

3. 答辩委员的提问。在给定的时间内报告论文后，紧接着就是提问和答辩。提问一般会限于论文所涉及的学术范围，以及论文的核心部分或作者没有考虑到的环节，问题的数量依问题回答的质量和难度来定。具体的问题常是考查论文是否由学生本人完成，引导学生对论文的核心内容作进一步阐述，询问论文中含糊不清的概念、数据及本人未认识到的重要发现或工作，考查学生的治学态度及综合解决问题的能力等。

4. 回答问题。当教师提出问题时，答辩者应仔细聆听，必要时做一些速记，一般从问题的审题入手，仔细琢磨每一问题要针对什么，考查什么，或论证什么，对教师提出的任何问题都应有自信心。尤其是对一些最基本的问题，切忌贸然回答。对事先已准备的问题，回答时要简短扼要，不宜展开回答。对事先没准备的问题，不要急于回答，应稍加考虑，从哪里着手，分几个层次阐述，不要“兜圈子”，可以重复论文中的有关内容，也可以根据此问题所涉及的范围，补充新的证据或进行必要的解释。对回答不出的问题、论文中有明显漏洞的问题、没有考虑到的问题等，要实事求是的回答，不要勉强回答，更不要强词夺理或故弄玄虚、信口开河。

5. 答辩中的态度。毕业（学位）论文的答辩表现，在一定程度上反映了大学生、研究生的基础理论、专业技能、心理素质、气质修养等整体素质。因此，答辩人应努力做到注意力集中，态度诚恳。开始答辩时，应向教师、听众问好和敬礼，对待教师的提问，即使自我表现感觉良好，回答比较满意，也不应过分自矜、自以为是，答辩完成后表示谢意并敬礼，有礼貌地退席。

（五）答辩通过后的思考

答辩结束后，无论其答辩结果如何，都要认真地进行总结，对答辩中存在的问题要认真思考，全面对论文进行修订，使之具有一定的社会价值，扩大答辩的成效。同时，找出自己的薄弱环节、研究方法等方面的缺陷，力争在将来的研究中达到新的水平。全面提高自己的素质，在知识层次、修养层面、能力水平、口头表达等方面上一个新的台阶，为在将来的社会竞争和高层次研究中，打下扎实的基础。

第四节　科研论文的评价

研究者在完成论文之后，还需通过一定的形式方法，对论文质量进行评价鉴定，以得到有关部门的确认和宣传；大学生、研究生的学位论文也只有通过正式评价后，才能授予相应的学位。

一、论文评价的意义

（一）对研究者的研究工作及其成果予以客观鉴定，确认其价值所在

研究者花费大量劳动进行辛勤探索、顽强攻关，其艰巨已为世人所知。但其劳动成果的价值不一定与劳动量成正比，作者个人虽对成果最为了解但不免带有主观色彩。因此，必须经过正式的客观评价，以对论文质量作出公正、准确的判定。

（二）是获得社会公认的必要和主要途径

通过正式评价的论文，人们一般才认为是正式成果。这也是作者科研能力与水平得到公认的一种形式和途径。否则，成果质量再高，也只能是“养在深闺人未识”。

（三）通过评价，是促进科学健康发展的需要

只有经过客观公正的评价，才能区分真伪优劣，将优秀成果及时予以传播、保留、奖励，将伪劣成果予以淘汰、否定。这样，才能不断促进新成果、好成果的涌现，积累科学知识，开拓科学领域，使科学得以健康地发展。

（四）通过评价，为某些科学成果的推广使用、造福人类提供依据和条件

科研论文的最终目的是为社会实践服务。但在成果转化为社会生产力的过程中，任何生产部门或开发部门一般不会因研究者个人的评价介绍，就去接受、开发、试制和推广他的研究成果，而要索取对成果的正式评价意见，然后再决定取舍。

（五）评价结果有利于研究者总结经验、吸取教训，不断提高科研能力

如果论文得到充分肯定或奖励，研究者可从中总结成功的经验、方法和技巧，进而再向新的高峰攀登。如果论文遭到否定，则应从中认真吸取教训，找出存在的问题和原因，并努力在今后的科研中予以改进。

二、论文评价的形式

（一）专家个人评价

这种评价形式是请某一方面的专家、学者对某一论文单独进行审阅、鉴定，并写出详细评语（或鉴定意见）的方法。选择专家数量不限，除本科生由自己导师一人评审外，再请2人以上专家一起参加评审，以确保评价的客观性。

（二）专家集体评价

这种方法是多以专家会议的形式，对某一论文、成果当面征求专家意见，经讨论后形成较集中意见的评价方法。有时，在专家会上还可通过举手表决、无记名投票评分的形式对论文质量进行评价。

大学生、研究生的学位论文，经常采用综合性专家集体评价方法。除采用上述专家会议形式之外，还要经过当面答辩（论文答辩）的公开评价形式，以对研究者的论文质量和科研能力（包括答辩的质量与技巧）进行客观公正评价。一般来说，硕士论文、博士论文的答辩要求比较严格，要做好充分准备。

三、评价论文质量的主要指标内容

评价指标就是评价的着眼点或构成因素，由这些因素构成了论文质量的内容体系。故由多个指标按一定逻辑层次排列的指标群又称作评价指标体系。

（一）建立评价论文指标体系的方法

指标体系是人为提出的，但又必须有较高的客观性、可靠性、代表性和规范性。一般可采取个别征求专家意见、总结以往评价工作的经验和运用特尔菲法来建立较稳定的科学的评价指标体系。

（二）评价论文质量的指标体系

1. **选题的意义**。看其题目的新颖、独特和实用性，在理论和实践上的意义程度。

2. **研究方法的合理性、科学性**。研究方法的合理性、科学性包括：采用的研究方法手段是否与题目内容、任务相适应；主要方法设计的科学性、严谨性；有无独创的先进方法与手段等。

3. **论点的科学性**。论文的观点（论点）力求正确、鲜明、新颖、客观，较高的要求是有独到见解或创新的理论。

4. **论证的逻辑水平、广度与深度**。论证要符合逻辑规律，论点与论据必须一致，推理方法形式运用正确合理。论证的中心突出并有一定深度；论证的问题范围与研究范围相一致（指广度）。

5. **运用理论的程度**。能结合本课题相关的专业理论、基础理论对所研究的问题与获取的材料进行充分论述、阐释与分析，并经高度概括抽象形成观点、结论。

6. **研究材料事实的可靠性与代表性**。首先，论文中报告、引用的多种材料事实要力求真实、可靠、准确、客观，来自科研或生产实践；其次，材料要丰富、完备、有代表性，有说服力。

7. **论文结构层次的完整性与合理性**。结构要完整，格式要规范。尤其讨论部分的结构要适合于表达研究的成果内容。总的结构合理、层次清晰、逻辑性强。

8. **结论的价值**。从研究任务和专业角度出发，看结论的正确性、全面性、概括性和新颖性（或创造性）。

9. **文字水平**。基本要求是通顺、准确、用词恰当。

10. **图表运用技巧**。图表的运用要适合于论证需要；直观性、说服力和技巧性较强；图表规范。

四、评价论文成绩的主要方法

（一）定性评价

定性评价方法主要是请有关专家在审阅论文后，对其质量水平写出较全面的评语，只作定性描述。这种方法的特点是评价具体，能看出成果的价值，优点所在和存在的不足。

（二）定量评价

定量评价方法是先制订评价指标体系及标准，然后请若干专家集中（或分散）按标准打分。实际上是将定性判断人为赋值，转化为定量的分数值，最后求出专家评分的总均值。

为了力求评价的科学准确，也可以将上述两种方法结合运用。

评价论文是一项十分严肃细致的工作，研究者对评价结果都很重视。因此，有条件的单位应成立专门的评审管理机构与专家小组，制订科学的评价指标标准和实施细则，聘请作风正派、学风严谨的专家参加评审工作，对答辩工作更要充分准备和精心组织。

本章复习思考题：

1. 科研论文的概念与特点。
2. 科研论文的分类与结构。
3. 如何撰写科研论文？根据已选定的题目，写一份论文的提纲。
4. 怎样对科研论文进行评价？标准是什么？

第八章 SPSS在数据处理中的应用

第一节 SPSS for Windows 概述

一、什么是SPSS

SPSS（Statistical Package for the Social Science）意为“社会科学统计软件包”，是当前世界上最为流行的三大统计分析软件包（SPSS、SAS 和 BDMP）之一。20 世纪 60 年代后期，SPSS 董事会主席 Norman H. Nie 和他的两位斯坦福大学时代的同学 C. Hadlai Hull，Dale Bent 一起经过大量实验，开发了第一代大型计算机的 SPSS 统计分析程序。20 世纪 70 年代，随着微型计算机的问世，SPSS 率先推出了微机版本，短短几年，在 SPSS/PC（for DOS）基础上发展成为 SPSS for Windows，在社会科学、自然科学的各个领域发挥了巨大的作用，被广泛地应用于经济学、生物学、心理学、教育、医疗卫生、体育、农、林、气象、商业、金融等领域。

SPSS for Windows 的版本更新很快（现已为 SPSS 13.0），SPSS 公司将“SPSS”的字母含义另解释为“Statistical Product and Service Solutions”，意为“统计产品和服务方式”。SPSS 具有强大的数据管理和统计分析功能，除数据输入需要使用键盘完成外，均通过 Windows 的窗口方式展开各种数据管理和分析的方法，通过“菜单”“图标按钮”“对话框”展示各种功能的选择项，操作简便，直观清晰，无需记忆一般软件必须要用的命令及选择项，更不需编写程序，只要具有一般统计分析原理和算法知识，通过菜单和对话框，即可要求系统做出分析处理，立即可得到所需要的统计分析的结果。同时，SPSS 还具有很强的图表生成和编辑功能，并与其他软件有数据转换接口，如 FoxBASE，FoxPro，Orical，Excel，Lotusl. 2. 3 等，以便数据文件的处理与转换。

SPSS for Windows 可根据计算机设备的具体情况选择、装配模块，运行系统软件。要求内存容量为 4M，如需做多因素分析或交互图形，最好配备 16M 以上内存。SPSS for Windows 目前没有汉化版本，可在中文 Windows98 下生成汉字。

二、SPSS 的系统运行

SPSS for Windows 启动后即在屏幕上显示主画面，即数据编辑窗口。主画面的最上行由 10 个菜单项组成（表 8－1），每个菜单项都包括一系列功能。当在数据窗口输入了数据或者读入一个数据文件后，可以从主菜单选择要执行的功能，单击鼠标键选择功能项，或者展开小菜单进一步选择细分功能，或者展开与选择功能有关的对话框，选择参与分析的变量，同样，还可以展开子对话框，进一步选择分析参数，待分析参数准备好后，用光标单击主对话框的 OK 即执行分析过程。分析结果显示在输出窗口（Output）中，可以利用菜单项或工具栏中的图标按钮对输出结果进行编辑和打印。

表 8－1 SPSS for Windows 主菜单项及中文含义

File	Edit	View	Data	Transform	Statistics	Graphs	Utilities	Windows	Help
文件操作	文件编辑	窗口外观控制	建立与编辑数据文件	数据转换	统计分析	建立与编辑统计图表	实用程序	窗口控制	帮助

三、SPSS 数据处理的过程

利用 SPSS 进行数据处理，大致分为建立数据、管理数据、分析数据及结果保存与输出四个过程。

（一）建立数据文件

建立数据文件就是形成一个可供 SPSS 分析的数据文件。在 SPSS for Windows 中可以通过下列几种方式来建立数据文件：（1）SPSS for Windows 启动成功后，直接在数据窗口（Data Editor）建立数据文件；（2）用主菜单 File 中 New 命令建立数据文件；（3）用 FoxBASE，FoxPro，Excel，Lotus1. 2. 3 建立数据文件，并用主菜单 File 中 Open 命令打开已建立的数据文件。

无论用哪种方法建立数据文件，在数据录入之前应根据研究设计定义每个变量的类型，可用主菜单 File 中的 Display Data info 命令来显示当前数据文件中变量的有关信息。

在 SPSS 数据窗口建立数据文件的操作：

定义变量 单击主菜单 Data 中的 Define Variable 命令或双击数据窗口中的"Var"项，在变量框中键入变量名。Variable Description 栏为描述变量框，栏内的各值是默认值，如果要改变这些值，则选用 Change Settings 栏中各功能按钮。Measurement 框内说明变量的测量水平。单击 Define Variable 框中的 Labels 按钮，则是变量标签对话框，可对变量进行注释或分类。在 Define Variable Type 框中，Width 栏是数字的宽度，可根据需要设定（SPSS 13.0 可直接在数据编辑窗口定义、查看变量和录入数据）。

录入数据 在相应变量名下录入数据（单元格被加黑框），按箭头键可移动光标位置，进行新的数据录入或修改。数据录入完成后，单击 File 主菜单中的 Save as 命令，在用户指定子目录下存为 SPSS 的系统文件，即"SPSS（*.sav）"类型。

（二）数据管理

数据管理包括对数据文件的管理和数据变量的管理。在 SPSS for Windows 中，为了统计分析，数据文件可以拆分、合并、转置、对观测量数据排序、加权、分类汇总；数据变量可以插入、删除、剪切、复制、粘贴，将一些原始键入的变量进行等级转换、计算、建立新变量和重新编码等。

（三）分析数据

SPSS for Windows 具有强大的统计分析功能，其统计分析过程包含数值分析过程和作图过程。数值分析过程包含在主菜单 Statistics 的下列菜单中，作图过程包含在主菜单 Graphs 的下列菜单及各统计功能中。由于各版本的统计分析过程和菜单项略有不同，例如，SPSS 13.0 就用分析（Analyze）代替了以前版本的统计（Statistics）菜单，现以 SPSS 10.0 版的统计过程为例，说明其统计分析的功能。

1. 数据的概括描述（Summarize）。
2. 均值比较（Compare Means）。
3. 一般的线性模型（方差分析）（General Linear Model）。
4. 相关分析（Correlate）。

5. 回归分析（Regression）。
6. 对数线性分析（Log linear）。
7. 聚类与判别分析（Classify）。
8. 数据简化分析（因子分析、对应分析等）（Data Reduction）。
9. 尺度分析（Scale）。
10. 非参数检验（Nonparametric Tests）。
11. 时间序列分析（Time Series）。
12. 生存分析（Survival）。
13. 多元响应分析（Multiple Response）。
14. 缺失值分析（Missing Value Analysis）。

（四）结果保存与输出

SPSS 10.0 统计结果的输出窗口不显示在屏幕的主画面上，当使用了 Statistics 主菜单中的统计分析功能处理数据产生输出信息时，输出窗口自动激活，如果数据处理成功，则显示分析结果；如果处理过程发生错误或不能运行，则在窗口显示系统给出的错误信息。也可以在主菜单 File 中选择 New 项，在二级菜单中选择 Output 项，使输出窗口显示在屏幕上。

统计处理完毕后，往往要对结果进行保存，以便需要时再读出来。SPSS 规定了一些扩展名，以保存处理完的数据、结果或图形。以“sav”为扩展名的文件保存数据窗口，以“sps”为扩展名的文件保存语句窗口，以“cht”为扩展名的文件保存图形窗口，以“lst”为扩展名的文件保存输出窗口。你可以根据实际需要自定文件名。

打印输出窗口的数据处理结果时，可以按主菜单 File 中选择 Print Preview，对输出结果先进行预览，进行页面参数的设置，对预览结果满意后，再单击 Print 开始打印输出。

第二节 基本统计分析

基本统计分析是指用 SPSS 的概括描述 Summarize 命令项中的 8 个子命令进行的分析，其主要功能是对单变量进行描述统计分析。在此主要对常用的频数分析、描述性分析和交叉列联表进行介绍。

一、频数分布表（Frequencies）

频数分布是对数据进行归纳整理、对变量特征和数据分布状况认识的基础。SPSS 对单一变量进行频数分布的步骤如下。

（一）建立或打开数据文件。

（二）按 Statistics→Summarize→Frequencies 顺序打开频数分布对话框。

（三）在左侧的源变量框中选择一个或多个要分析的变量进入右侧的 Variable（s）框中。

（四）选中 Display frequency tables 复选项，将显示频数分布表。

（五）单击对话框中的 Statistics，Charts，Format 按钮及其子命令，选择输出结果中统计量、图形、频数分布表的格式。

1. 在 Statistics 子对话框中，常用的有下列几个选项。

（1）选择 Percentile Values 中的项目，输出百分位数。

（2）选择 Dispersion 中的项目，输出离散趋势统计量。

（3）选择 Central Tendency 中的项目，输出集中趋势统计量。

（4）选择 Distribution 中的项目，输出数据分布（正态分布）参数。

2. 在 Charts 子对话框中，常用的有下列几个选项。

（1）选择 Charts type 中的 Bar Charts 项，输出条形图。

（2）选择 Charts type 中的 Pie Charts 项，输出圆图。

（3）选择 Charts type 中的 Histograms 项，要求做直方图。

3. 在 Format 子对话框中，常用的有下列几个选项。

（1）选择 Order by 中的 Ascending Values 项，结果将按实际值的升序排列。

（2）选择 Order by 中的 Descending Values 项，结果将按实际值的降序排列。

（3）选择 Order by 中的 Ascending counts 项，结果将按取值的频数升序排列。

（4）选择 Order by 中的 Descending counts 项，结果将按取值的频数降序排列。

（六）单击主菜单中 OK 按钮提交运行，打印输出结果。

（七）问题举例。

例 8－1：某中学三年级 52 名男生原地纵跳成绩如下（表 8－2），使用 SPSS 做出频数分析。

表 8-2 某中学三年级 52 名男生原地纵跳成绩 单位：厘米

59	56	52	50	50	47	46	44	43	43	42	42	40	39	38
38	38	37	37	37	36	36	36	36	35	35	34	34	33	32
32	32	31	31	31	30	30	29	29	28	27	27	27	25	24
22	22	21	21	20	17	17								

（八）部分统计结果的输出与阅读。（表 8-3、表 8-4）

表 8-3 某校 52 名男生原地纵跳成绩部分统计量

N	Valid	52
	Missing	0
Mean		34.5769
Median		34.5000
Mode		36.00
Std. Deviation		9.5699
Minimum		17.00
Maximum		59.00
Percentiles	25	28.2500
	50	34.5000
	75	39.7500

表 8-4 某校 52 名男生原地纵跳成绩频数分布表

Valid 17.00	2	3.8	3.8	3.8
20.00	1	1.9	1.9	5.8
21.00	2	3.8	3.8	9.6
22.00	2	3.8	3.8	13.5
24.00	1	1.9	1.9	15.4
25.00	1	1.9	1.9	17.3

Valid 17.00	2	3.8	3.8	3.8
27.00	3	5.8	5.8	23.1
28.00	1	1.9	1.9	25.0
29.00	2	3.8	3.8	28.8
30.00	2	3.8	3.8	32.7
31.00	3	5.8	5.8	38.5
32.00		5.8	5.8	44.2
33.00	1	1.9	1.9	46.2
34.00	2	3.8	3.8	50.0
35.00	2	3.8	3.8	53.8
36.00	4	7.7	7.7	61.5
37.00	3	5.8	5.8	67.3
38.00	3	5.8	5.8	73.1
39.00	1	1.9	1.9	75.0
40.00	1	1.9	1.9	76.9
42.00	2	3.8	3.8	80.8
43.00	2	3.8	3.8	84.6
44.00	1	1.9	1.9	86.5
46.00	1	1.9	1.9	88.5
47.00	1	1.9	1.9	90.4
50.00	2	3.8	3.8	94.2
52.00	1	1.9	1.9	96.2
56.00	1	1.9	1.9	98.1
59.00	1	1.9	1.9	100.0
Total	52	100.0	100.0	

表 8-3 为有关的统计量；表 8-4 分别为成绩、频数（Frequency）、频数所占百分比（Percent）、有效值所占百分比（Valid Percent）、累积百分比（Cumulative

Percent)、合计（Total）；图 8－1 为带有正态曲线的直方图。

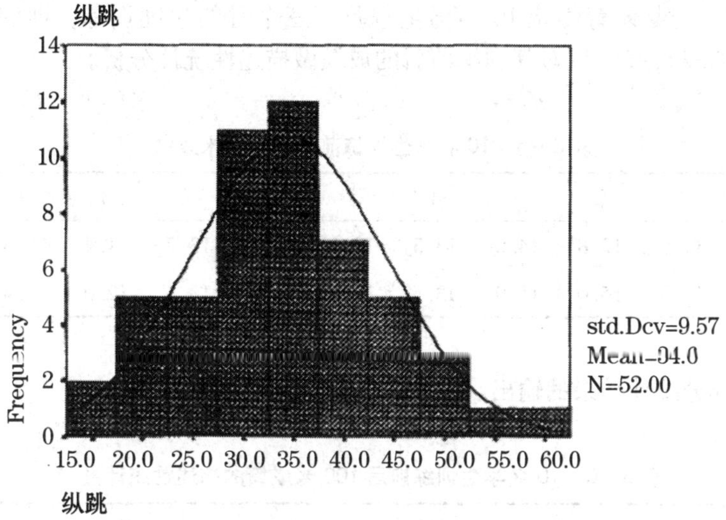

图 8－1　某校 52 名男生原地纵跳成绩直方图

二、描述统计量分析（Descriptive）

描述统计量分析是计算单个数值变量的平均数、标准差、最大值、最小值、方差、平均数、标准误等统计量的过程。与 Frequencies 不同的是，它提供了一个压缩的统计量表，不把数值排列成频数分布表，因而，是计算多个连续变量的描述统计的有效过程。在 SPSS 中的具体步骤如下。

（一）建立或打开数据文件。

（二）按 Statistics→Summarize →Descriptive 顺序打开描述统计对话框。

（三）在左侧源变量框中选择一个或多个要分析的变量进入右侧的 Variable (s)。

（四）选择对话框中 Save standardized values as variables 项，对要分析的变量进行标准分数 Z 计算，并以前缀 Z 为名的新变量保存在数据窗中。其计算公式为：

$Z = (X - \overline{X}) / S$　　（$\overline{X}$ 为 X 的平均数，S 为标准差）

（五）单击主对话框中的 Options 按钮，确定要输出的统计量。

（六）单击主菜单中的 OK 按钮提交运行，打印输出结果。

（七）问题举例。

例 8－2：对某体育学院 10 名男生进行了三个月的速度训练，训练前后测得 100 米成绩如表 8－5，试对其训练前后的成绩做描述性统计分析。

表 8－5　10 名学生训练前后的 100 米成绩　　单位：秒

编号	1	2	3	4	5	6	7	8	9	10
训练后	11.0	13.8	14.0	13.5	13.5	12.0	13.7	11.4	13.8	12.0
训练前	11.3	15.0	15.0	13.5	12.8	11.8	13.4	12.0	13.4	12.3

（八）部分统计结果的输出。（表 8－6）

表 8－6　10 名学生训练前后 100 米成绩的描述性统计量

	N	Range	Minimum	Maximum	Mean	Std. Deviation
训练后	10	3.00	11.00	14.00	12.8700	1.1383
训练前	10	3.70	11.30	15.00	13.0500	1.2651

三、交叉列表（Cross Tabs）

交叉列表过程分析生成二维和多维交叉表。正如第六章关于社会调查研究中所讲的对两个变量或多个变量关系分析时，要采用交叉列表，将所研究的个体分类，其目的是将两个变量或多个变量分组，并对其之间的关系进行描述与分析。对定类、定序变量（定距变量可以转化为定类、定序变量）的关系详析，即可以采用交叉列表的方法。在 SPSS 中的具体运行步骤如下。

（一）建立或打开数据文件。

（二）按 Statistics→Summarize→Cross Tabs 顺序打开对话框。

（三）在左侧源变量框中选择一个或多个要分析的变量进入 Row（s）框，作为分布表中的行变量。

（四）在左侧源变量框中选择一个或多个要分析的变量进入 Column（s）框，

作为分布表中的列变量。

（五）根据需要选择一个控制变量进入 Layer 框中来决定频数分布表的层，如果要增加另外一个控制变量，请单击 Next 按钮选入，单击 Previous 按钮，重新选择以前变量。

（六）选中 Display Clustered Bar Charts 复选项，显示变量的分类条形图。

（七）选中 Suppress tables 复选项，只输出统计量，不输出交叉表。

（八）单击 Statistics 对话框，根据行、列变量的数据类型确定具体的计算方法，并选择要输出的统计量。

（九）单击主菜单中的 OK 按钮提交运行，打印输出结果。

（十）问题举例。

例 8-3：某班 42 名男女学生全部参加了计算机二级考试。其结果如表 8-7，问男女学生在计算机学习上有无显著性差异？

（十一）部分输出结果（表 8-7、表 8-8）。

表 8-7　42 名学生计算机二级考试成绩联表

	合格	不合格	Total
男生	2	26	28
女生	6	8	14
Total	8	34	42

表 8-8　卡方检验（Chi-Square Tests）

	Value	df Asymp. Sig (2-Sided)	Exact. Sig. (2-Sided)	Exact. Sig. (1-Sided)
Pearson Chi-Square	7.721	1	.005	
Continuity Correction	5.578	1	.018	
Likelihood Ratio	7.369	1	.007	
Fisher's Exact Test				.010　.010
Linear-by-Linear Association	7.537	1	.006	
N of Valid Cases	42			

a　Computed only for a 2×2 table.

b　1 cells (25.0%) have expected count less than 5. The minimum expected count is 2.67.

第三节 假设检验

在推断性统计分析中，最常用的就是假设检验。对来自正态总体的两个样本进行均值比较，常使用 t 检验的方法。t 检验要求两个被比较的样本来自正态总体，两个样本方差相等与不相等使用的 t 检验公式不同，独立样本与配对样本的方差是否相等的检验使用 F 检验，这些过程均包含在 SPSS 主菜单 Statistics 的 Compare Means 命令中。

一、均值比较（Compare Means）

在 SPSS 中，Compare Means 包含下述 5 个子命令。

（一）Means 过程

Means 过程计算是由一个或多个独立变量定义的分组内对因变量的描述统计。例如，测试 120 名 13～15 岁男生的立定跳远成绩，其平均数为 214 厘米，若按年龄分组，每组学生立定跳远的平均成绩一样吗？使用 Means 过程，可以求得若干组的描述性统计量，这与 Descriptives 过程有不同之处。

（二）One－Sample T Test

One－Sample T Test 过程是检验单个变量的均值是否与给定的常数之间存在差异。例如，某省某年龄组男生 50 米跑平均成绩是 9.15 秒，某地区男生 90 人的 50 米跑平均成绩是 9.27 秒，标准差为 0.69 秒，问二者是否存在差异呢？这就是单一样本的 t 检验。

（三）Independent－Sample T Test

Independent－Sample T Test 过程是独立样本的 t 检验，用于检验是否是两个不相关的样本来自具有相同均值的总体。如果样本分组不独立，应采用配对样本的 t 检验；如果样本分组是两个以上，应采用 One—way ANOVA 过程；如果变量不是正态分布，应采用非参数检验过程。

（四）Paired - Sample T Test

Paired - Sample T Test 过程是配对样本的 t 检验，用于检验两个相关样本是否来自具有相同均值的总体。

（五）One - way ANOVA

One—way ANOVA 过程用于检验几个独立的组是否来自均值相同的总体。例如，教育实验中采用三种不同的教学方法，检验其对学生成绩影响的效果是否相同，或者是两两之间的差异是否显著。在研究设计中，有时还要按性别等变量分组，不但要知道哪种教学方法效果好，而且想知道同一种教学方法对不同性别的学生是否具有不同的效果，这就要采用 ANOVA Models 命令中的其他了命令了。

二、Means 过程的主要步骤

如上所述，Means 过程的基本功能是分组计算指定变量的描述统计量，包括均值、标准差、总和、样本数、方差等一系列单变量的描述统计。在 SPSS 中的具体步骤如下。

（一）建立或打开数据文件。

（二）按 Statistics→Compare Means→Means 顺序打开 Means 过程对话框。

（三）选择一个或多个因变量进入 Dependent 矩形框。

（四）自变量的选择及层控制。

1. 两个分类变量均放在第一层：将分类变量依此选入 Independent 矩形框中。

2. 两个分类变量分别放在两层：先选择一个变量进入 Independent 矩形框中，Next 按钮加亮，层控制显示“Layer 1 of 1”，表明建立了一个层控制。单击 Next 按钮，使层控制显示“Layer 2 of 2”，Previous 按钮加亮，再选择另一分类变量进入矩形框中，同样方法，可以建立第三层控制。

（五）单击主对话框中的 Options 按钮，选择输出统计量和对第一层控制变量进行分析。

（六）单击主对话框中的 OK 按钮，提交运行并打印输出结果。

（七）问题举例。

例 8 - 4：在例 8 - 1 中，如果分别统计了 52 名学生的年龄，假如其年龄是 12 岁、13 岁、14 岁三个年龄段，且有男女之分，使用系统默认值计算按年龄分组的描述性统计量。

（八）部分输出结果（表8－9、表8－10）。

表8－9　52名学生按年龄分组的基本描述性统计

年龄	Mean	N	Std. Deviation
12.00	31.6000	20	9.2475
13.00	36.6154	13	9.7257
14.00	36.3158	19	9.4930
Total	34.5679	52	9.5699

表8－10　52名学生按年龄、性别两个控制层的分组统计结果

年龄	性别	Mean	N	Std. Deviation
12.0	男	37.3000	10	7.7753
	女	25.9000	10	6.9194
	Total	31.6000	20	9.2475
13.0	男	41.5000	8	8.5857
	女	28.8000	5	8.5408
	Total	36.6154	13	9.7257
14.0	男	42.1111		9.8545
	女	31.1000	10	5.4863
	Total	36.3158	19	9.4930
Total	男	40.1481	27	8.6988
	女	28.5600	25	6.3251
	Total	34.5769	52	9.5699

三、单一样本 t 检验

单一样本 t 检验在 SPSS 中的步骤如下。

（一）建立或打开数据文件。

（二）按 Statistics→Compare Means→One - Sample T Test 顺序打开单一样本 t 检验对话框。

（三）将唯一的变量移入 Test 矩形框，并在下面的 Test 中输入给定的常数或总体均值。

（四）单击对话框中的 Options 按钮，选择差值的置信区间及缺失值的处理。

（五）单击主对话框中的 OK 按钮，提交运行并打印输出结果。

（六）问题举例。

例 8-5：张明立编著的《常用体育统计方法》中有一个例子（第 25 页）：1973 年某市 120 名男孩平均身高为 143.1 厘米，现假如在某市某中学随机抽取该年龄组男生 100 人，其平均身高为 144.8 厘米，问该中学该年龄组学生的身高是否与上述男孩身高有显著性差异呢?

（七）部分输出结果与阅读（表 8-11、表 8-12）。

表 8-11　120 名学生身高的基本统计量（One - Sample Statistics）

		Mean	Std. Deviation	Std. Error Mean
身高	12	143.048	5.821	.531

表 8-12　单一样本 t 检验的分析结果（One - Sample Test）

Test Valu = 144.80				
t	df	Sig	Mean 95% (2 - tailed) Difference Lower	Confidence Interval of the Difference Upper
身高	-3.29 119	.001 -1.752	-2.804	-0.70

结论：某中学该年龄组学生的身高与该市同龄男孩身高有显著性差异，表 8-12 给出了 95% 的置信区间。

四、独立样本 t 检验

采用系统默认值，进行独立样本 t 检验的具体步骤如下。

（一）建立或打开数据文件。

（二）按 Statistics→Compare Means→Independent - Sample T Test 顺序打开独立样本 t 检验的对话框。

（三）选择要检验的变量进入 Test 矩形框中，选择分组变量进入 Grouping 矩形框。

（四）单击 Define Groups 按钮，展开确定分组对话框。

1. 如果是分类变量，选择 Use Specified Values。

2. 如果是连续变量，选择 Cut Point。

（五）单击对话框中的 Options 按钮，选择置信区间及缺失值的处理。

（六）单击主对话框中的 OK 按钮，提交运行并打印输出结果。

（七）问题举例。

例 8-6：某体育学院进行一项智力速度测验，共有 19 名学生参加，其中男生 12 人，女生 7 人。测验共 200 道题目，在规定时间里，答对一题记 1 分，测验结束后，得到以下的测验成绩。问男女生成绩是否有显著性差异?

男生：82、146、119、104、120、161、107、134、115、129、99、123

女生：70、118、101、85、107、132、94

（八）部分输出结果与阅读（注意方差齐性与方差不等）如表 8-13、表 8-14。

表 8-13　分析变量的简单描述统计（Group Statistics）

性别	N	Mean	Std. Deviation	Std. Error Mean
男	1.012	119.9167	21.2751	6.1416
女	2.07	101.0000	20.6236	7.7950

结论：男女学生成绩没有显著性差异。表 8-14 中的 F 值为 0，显著性概率为 0.981，大于 0.05，故可认为两组间方差相等，在此要采用 Equal Variances Assumed（假设方差相等）计算的 t 值等于 1.890，双尾 t 检验为 0.076，大于 0.05。因此，男女学生成绩没有显著性差异。

表 8－14 独立样本 t 检验的结果（Independent Sample T Test）

	Levene's Test for Equality of Means		t－test for Equality of Means						
	F	Sig.	t	df	Sig.（2－tailed）	Mean Difference	Std. Error Difference	95% Confidence interval of the Difference Lower	Upper
Equal variances assumed	.001		0.981	1.890	17.076	18.9167	10.0101	－2.2027	40.0360
Equal variances not assumed			1.906	13.024	.079	18.9167	9.9238	－2.3183	40.3517

五、配对样本 t 检验

采用系统默认值，进行配对样本 t 检验的具体步骤如下。

（一）建立或打开数据文件。

（二）按 Statistics→Compare Means→Paired－Sample T Test 顺序打开配对样本 t 检验对话框。

（三）指定配对变量。

1. 选择一个变量进入 Current Selections 框中 Variable 提示项后。

2. 按下 Ctrl 键，同时单击另一变量也进入 Current Selections 框中的 Variable 提示项后。

3. 当在 Current Selections 框中显示两个被配对的变量名时，将其送入 Paired Variable 矩形框中。

（四）单击对话框中的 Options 按钮，选择置信区间及缺失值的处理。

（五）单击主对话框中的 OK 按钮，提交运行并打印输出结果。

（六）问题举例：问题见例 8－2。

（七）部分输出结果。（表 8－15）

表8－15 配对样本的 t 检验（Paired Samples Test）

Paired Differences							
			95% Confidence Interval				
Mean	Std. Deviation	Std. Error Mean	Lower	Upper	t	df	Sig. (2－Tailed)
训练前	训练后						
－.1800	.6179	.1954	.6220	.2620	.921	9	.381

结论：双尾 t 检验的显著性概率为0.381，大于0.05，因此，三个月速度训练前后没有显著性差异。

第四节 方差分析

上一节用SPSS分析了两组样本平均数的比较问题，但在研究中经常会遇到不仅仅是两组样本平均数的比较，还会遇到比较三四组或者更多组的平均数问题，而且在研究中影响到体育领域中某种现象的因素不止一个，这时也需要找出主要的影响因素，此时就要采用SPSS中的方差分析了。方差分析是一种应用非常广泛的变量分析方法，其主要功能在于分析数据中不同来源的变异对总体变异的贡献大小，从而确定实验中的因素对反应变量是否存在显著影响。限于篇幅，本节仅对SPSS方差分析的功能和单因素方差分析进行介绍。

一、SPSS方差分析过程及功能

（一）One－Way过程

One—Way过程是单因素简单方差分析过程。它在Statistics菜单中的Compare Means过程中，用One—Way ANOVA命令调用，可以进行单因素方差分析、均值多重比较和相对比较。

（二）General Linear Model（简称 GLM）过程

GLM 过程由 Statistics 菜单直接调用，属于高级统计分析过程，可以进行多因素的方差分析和协方差分析，不但可以分析各因素的主效应，还可以分析各因素的交互效应，并建立所有效应的模型。此过程包含四个子命令，具体功能如下。

1. General Factorial 命令

General Factorial 命令调用的是单因变量多因素方差分析的过程。利用此命令可以分析一个独立变量是否受一个或多个因素或变量的影响，同时，可以分析每一个因素的作用，也可以分析因素之间的交互作用，还可以分析协方差和协方差交互作用。此过程在研究中主要应用于随机区组设计、析因设计和拉丁方区组设计的数据处理。

2. Multivariate 命令

Multivariate 命令调用 MANOVA 过程进行多因变量的多因素分析。当研究的问题具有两个或两个以上相关的因变量时，要研究一个或多个因素变量与因变量之间的关系时，就必须用 Multivariate 命令。

3. Repeated Measure 命令

Repeated Measure 命令用来处理重复测量设计的方差分析。重复测量设计也称被试内设计，是对同一因变量进行重复测量，可以在同一条件下进行，也可以在不同条件下进行，目的是分析各种处理之间是否存在显著性差异，及受试者之间的差异、几次测量之间的差异。

4. Variance Component 命令

Variance Component 命令进行方差估计分析，通过计算方差成分，可以了解如何减小方差。

二、单因素方差分析步骤

在 SPSS 中进行单因素方差分析的步骤如下。

（一）建立或打开数据文件。

（二）按 Statistics→Compare Means→One－Way ANOVA 顺序打开单因素分析对话框。

（三）根据设计指定方差分析的因变量和因素变量。

1. 选定因变量进入 Dependent 矩形框中，因变量数可以是一个或多个，如果是

N 个因变量，则分别进行 N 个单因素方差分析。

2. 选定因素变量（自变量）进入 Factor 框中。

（四）主对话框中分析项的选择。

1. 单击 Contrasts 按钮，进行均值多项式比较的选择。

2. 单击 Post Hoc 按钮，进行各组均值多重比较的选择。

（1）方差齐性时，选择均值多重比较的具体方法有 14 种，如果是成对组比较，常用“Scheff 法与 Tukey”法，即多重事后比较的设计。

（2）方差非齐性时，选择均值多重比较的具体方法有 4 种。

3. 单击 Options 按钮，输出统计量的选择。

（五）单击 OK 按钮，提交系统运行。

（六）问题举例。

例 8－7：某体育学院在本科学生毕业论文指导教师选择中，把 40 名学生随机地分配到 5 名具有不同职称的教师中，通过论文答辩，学生成绩如表 8－16，问不同职称教师指导的学生成绩之间是否具有显著性差异？

表 8－16　不同指导教师的学生毕业论文成绩

编号	教师（1）	教师（2）	教师（3）	教师（4）	教师（5）
1	76	76	62	65	67
2	78	67	70	68	71
3	65	70	69	68	72
4	72	64	73	71	69
5	71	67	71	61	74
6	72	83	69	69	70
7	83	72	73	65	76
8	79	73	69	69	84

（七）部分输出结果与阅读。

表 8－17 为各名教师的学生毕业论文成绩的描述性统计量。表 8－18 为方差齐性检验结果，从显著性概率来看，各组方差没有显著性差异，也就是说，方差具有齐性，这一点是选择多重比较的一个条件。表 8－19 是单因素方差分析的结果，即

各组学生毕业论文成绩之间有显著性差异。表 8－20 为均值多重比较的结果。在单因素方差分析中，如果样本很大，差异显著性检验很容易达到显著水平，为了说明假设检验的结果，并了解变量间的关系程度，可采用 GLM 一般因子分析进行单变量的关联强度（Strength of Association）分析。

表 8－17　各名教师的学生毕业论文成绩的描述性统计量（Descriptives）

	N	Mean	Std. D	Std. Error	95% Confidence Interval for Mean		Min	Max
					Lower Bound	Upper Bound		
1.00	8	74.500	5.6315	1.9911	69.7919	79.2081	65.00	83.00
2.00	8	71.500	6.0238	2.1297	66.4640	76.5360	64.00	83.00
3.00	8	69.500	3.4641	1.2247	66.6039	72.3961	62.00	73.00
4.00	8	67.000	3.1623	1.1180	64.3563	69.6437	61.00	71.00
5.00	8	72.875	5.3033	1.8750	68.4413	77.3087	67.00	84.00
Total	40	71.075	5.3127	.8400	69.3759	72.7741	61.00	84.00

表 8－18　方差齐性检验结果（Test of Homogeneity of Variances）

Levene Statisti	df1	df2	Sig.
1.113	4	35	.366

表 8－19　单因素方差分析结果（ANOVA）

	Sum of Squares	df	Mean Square	*F*	Sig.
Between Groups	273.900	4	68.475	2.898	.036
Within Groups	826.875	35	23.625		
Total	1100.775	39			

表8－20 用LSD法进行的均值多重比较（Multiple Comparisons）

	(I) 教师	(J) 教师	Mean Difference (I－J)	Std. Error	Sig.	95% Confidence Interval Lower Bound	95% Confidence Interval Upper Bound
LSD	1	2	3.0000	2.430	.225	－1.9337	7.9337
		3	5.0000	2.430	.047	6.627E－02	9.9337
		4	7.5000	2.430	.004	2.5663	12.4337
		5	1.6250	2.430	.508	－3.3087	6.5587
	2	1	－3.0000	2.430	.225	－7.9337	1.9337
		3	2.0000	2.430	.416	－2.9337	6.9337
		4	4.5000	2.430	.073	－.4337	9.4337
		5	－1.3750	2.430	.575	－6.3087	3.5587
	3	1	－5.0000	2.430	.047	－9.9337	－6.6247 E－02
		2	－2.0000	2.430	.416	－6.9337	2.9337
		4	2.5000	2.430	.311	－2.4337	7.4337
		5	－3.3750	2.430	.174	－8.3087	1.5587
	4	1	－7.5000	2.430	.004	－12.4337	－2.5663
		2	－4.5000	2.430	.072	－9.4337	.4337
		3	－2.5000	2.430	.311	－7.4337	2.4337
		5	－5.8750	2.430	.021	－10.8087	－.9413
	5	1	－1.6250	2.430	.508	－6.5587	3.3087
		2	1.3750	2.430	.575	－3.5587	6.3087
		3	3.3750	2.430	.174	－1.5587	8.3087
		4	5.8750	2.430	.021	.9413	10.8087

· The mean difference is significant at the .05 level.

第五节 相关与回归分析

一、SPSS 实现相关分析的步骤

相关分析是研究变量间密切程度的一种常用统计方法。变量间的相关关系有线性相关和非线性相关等，在此只分析线性相关关系。线性相关分析主要是研究两个变量或多个变量间线性关系的程度，在 SPSS 主菜单 Statistics 的下级菜单 Correlate 命令中，具有三个相关分析的子命令，分别是相关分析（Bivariate）、偏相关分析（Partial）、相似性测度（Distance）三个过程，现以两个变量间的相关分析来说明其具体的步骤。

（一）建立或打开数据文件。

（二）按 Statistics→Correlate→Bivariate 顺序展开两个变量相关分析的对话框。

（三）选择要分析的变量进入 Variables 矩形框。

（四）在主对话框中选择相关分析的选择项。

1. 根据数据类型选择分析方法。

（1）Pearson 皮尔逊相关（两列变量都是等距或等比数据）。

（2）Kendall's tau－b 肯德尔相关（分类变量间的秩相关）。

（3）Spearman 斯皮尔曼相关（斯皮尔曼秩相关）。

2. 显著性检验选择项。

（1）Two－Tailed 双侧检验。

（2）One－Tailed 单侧检验。

3. 选择 Flag Significant Correlations 项，输出结果中用“＊”表示显著性水平为 0.05，用“＊＊”表示显著性水平为 0.01。

4. 单击主对话框中的 Options 按钮，进行输出统计量及缺失值处理方法的选择。

（五）单击主菜单中的 OK 按钮，提交系统运行，打印输出结果。

（六）问题举例。

例 8－8：在某体育学院新生中，随机抽取 10 名学生，他们的体育考试成绩与文化课平均成绩如表 8－21，求他们之间的相关系数。

表 8-21 体育学院 10 名学生体育考试成绩与文化课平均成绩

编号	1	2	3	4	5	6	7	8	9	10
体育	74	71	80	85	76	77	77	68	74	74
文化课	82	75	81	89	82	89	88	84	80	87

（七）部分输出结果（表 8-22、表 8-23）。

表 8-22 10 名学生体育考试成绩与文化课成绩的描述统计（Descriptive Statistics）

	Mean	Std. Deviation	N
体育	75.6000	4.6952	10
文化课	83.7000	4.5717	10

表 8-23 10 名学生体育考试成绩与文化课成绩的相关分析（Correlations）

		体育	文化课
体育	Pearson Correlation	1.000	.475
	Sig.（2-tailed）	4.5717	.165
	N	10	10
文化课	Pearson Correlation	.475	1.000
	Sig.（2-tailed）	.165	
	N	10	10

结论：体育学院 10 名学生体育考试成绩与文化课成绩的相关系数为 0.475，相关系数没有显著性意义。

二、回归分析

回归分析是研究因变量与自变量之间变动比例关系的一种分析方法，其结果表现为一定的回归方程式。回归分析可分为一元回归和多元回归，每种回归又可分为线性回归和非线性回归，其中线性回归是最基本的回归分析，非线性回归可转化为线性回归。回归分析的一般过程为：选择自变量、确定回归模型的形式、估计模型中的参数、对模型进行检验、模型的应用。由于回归方程一般都是根据样本数据建立的，因此，回归方程必须经过统计检验。一般用方差分析（*F* 检验）对回归方程的有效性进行检验，用决定系数 R^2 反映回归方程的有效性的高低。

（一）SPSS 中回归分析的功能

1. Liner 线性回归。
2. Curve Estimation 曲线回归。
3. Logistic 逻辑斯谛回归。
4. Probit 概率单位回归。
5. Nonlinear 非线性回归。
6. Weight Estimation 加权估计。
7. 2 - Stage Least Squares 二段最小平方法。
8. Optimal Scaling 最优编码回归。

（二）用 SPSS 建立线性回归方程

1. 建立或读取数据文件。
2. 按 Statistics→Regression→Liner 顺序打开回归分析对话框。
3. 选择因变量进入 Dependent 框中，选择自变量进入 Independent 框中。
4. 在 Method 框中选择一种分析方法。

（1）Enter 选项：自变量全部进入。

（2）Remove 选项：消去法，自变量根据设定条件剔除。

（3）Forward 选项：向前选择法，根据 Option 框中的设定判断。

（4）Backward 选项：向后剔除法，根据 Option 框中的设定判断。

（5）Stepwise 选项：逐步进入法，根据 Option 框中的设定判断。

5. 单击 Statistics 按钮，选择输出统计量。
6. 需要绘图时，单击 Plots 按钮，设置绘图选择项。
7. 需要保存分析结果时，单击 Save 选项，设置信息保存选择项。
8. 单击 Option 按钮，确定模型拟合判断标准和缺失值的处理方式。
9. 单击主菜单中的 OK 按钮，提交系统运行，打印输出结果。
10. 问题举例。

例 8 - 9：张明立编著的《多元统计分析方法及程序》中有一例（第 16 页）：测量 10 名男生的足长、小腿长和身高的数据如表 8 - 24，试分析他们之间的线性回归关系。

表8-24 10名男生的足长、小腿长和身高的数据 单位：厘米

编号	1	2	3	4	5	6	7	8	9	10
足长	21	20	20	19	21	20	19	21	20	21
小腿长	33	32	30	29	32	31	32	33	31	34
身高	140	133	130	131	137	133	135	138	139	141

11. 部分输出结果与阅读（表8-25～表8-27）

输出结果说明：表8-25中，R为回归方程的复相关系数，R Square即方程的决定系数，Adjusted R Square为其修正值。表8-26是对回归方程的显著性进行检验，检验结果表明此方程是显著的。表8-27中，B为偏回归系数，Beta为变量使用标准化形式时的回归系数，*t*为偏回归系数的检验，其回归方程为：

$$g = 61.244 + 0.984x_1 + 1.723x_2$$

表8-25 回归方程常用统计量（Model Summary）

Model	R	R Square	Adjusted R Square	Std. Error of the Estimate
1	.823	.677	.585	2.486

a Predictors：(Constant)，足长、小腿长

表8-26 回归方程的方差分析（ANOVA）

Model		Sum of Squares	df	Mean Square	*F*	Sig.
1	Regression	90.817	2	45.409	7.344	.019
	Residual	43.283	7	6.183		
	Total	134.100	9			

a Predictors：(Constant)，足长、小腿长

b Dependent Variable：身高

表 8-27 回归系数分析（Coefficients）

Model		Unstandardized Coefficients B	Unstandardized Coefficients Std. Error	Standardized Coefficients Bate	t	Sig.
1	(Constant)	61.224	21.512		2.846	.025
	足长（X1）	.984	1.506	.201	.653	.535
	小腿长（X2）	1.723	.795	.667	2.167	.067

a Dependent Variable：身高

第六节 聚类与判别分析

聚类分析是将分类对象置于一个多维空间中，按照它们空间关系的亲疏程度进行分类的方法。事物之间的关系的亲疏程度越密切，则越有可能被聚为一类；反之，聚为一类的可能性越小。聚类分析主要有两大类：一类是样品个体；另一类是指标变量。对样品个体进行聚类称作 Q 型聚类，对指标变量进行聚类称作 R 型聚类。聚类分析中，描写事物关系亲疏程度的指标称为广义距离，广义距离又包括一般的距离和相似系数两种类型。在聚类分析中这两种指标都必须定义合理、计算简便，能突出事物间的差异，与聚类目的相配套。

判别分析是根据事物特点的变量值及它们所属的类别，求出判别函数，根据判别函数对未知所属类别的事物进行分类的一种分析方法。它与聚类分析的不同在于判别分析要求已知一系列反映事物特征的数值变量值及其分类变量值。

SPSS 中进行聚类和判别分析，是由 Statistics 菜单的下级菜单 Classify 命令过程来实现的。其包括 3 个子命令。

一、K-Means Cluster 进行快速样本聚类过程

在 SPSS 中进行快速样本聚类的步骤如下。

（一）建立或读取数据文件。

（二）按 Statistics→Classify→K-Means Cluster 顺序打开聚类分析对话框。

（三）指定分析变量和标识变量。

1. 选择参与聚类分析的数值型变量进入 Variables 矩形框中。

2. 选择标识变量移入 Label Cases 框中。

（四）确定分类数 K，使其进入 Number of 框中（系统默认值为 2）。

（五）选择聚类方法，在主对话框 Method 中有两种方法可供选择。

1. 选择系统默认方法：不断改变类中心的聚类方法（Iterative and Classify）。

2. 只使用初始类中心的聚类方法（Classify Only）。

（六）单击 Centers 按钮，选择分析参数。

（七）单击 Option 按钮，选择输出统计量和缺失值处理。

（八）单击 OK 按钮，提交系统运行。

（九）问题举例。

例 8－10：施丽影编著的《体育统计》有一例题（第 204 页）：对湖北省学生体质进行研究，取数千名初一的学生作为样本（限于篇幅，在此仅取 9 个样本和 3 个指标为例），试进行快速聚类。（表 8－28）

表 8－28　9 名学生 3 项体质检测指标数据

样品	1	2	3	4	5	6	7	8	9
X1	132	138	153	170	165	143	158	149	150
X2	25.3	26.7	37.2	56.2	46.2	29.7	40.9	34.2	34.9
X3	59.6	62.7	68.4	77.3	74.3	64.5	71.2	67.2	67.6

（十）部分输出结果与阅读（表 8－29 ~ 表 8－32）。

表 8－29　初始类中心（Initial Cluster Centers）

	Cluster		
	1	2	3
X1	132.00	170.00	153.00
X2	25.30	56.20	37.20
X3	59.60	77.30	68.40

表 8－30 各次迭代后类中心的变化（Iteration History）

	Change in Cluster Centers	
Iteratio	1	2
	14. 615	10. 603
	. 000	. 000

a Convergence achieved due to no or small distance change. The maximum distance by which any center has changed is. 000. The current iteration is 2. The minimum distance between initial centers is 52. 078.

表 8－31 各样品所属的类别（Cluster Membership）

Case Number	Cluster	Distance
1	1	14. 615
2	1	8. 049
3	1	11. 136
4	2	10. 603
5	2	1. 703
6	1	2. 069
7	2	9. 832
8	1	7. 183
9	1	6. 192

表 8－32 方差分析（ANOVA）

	Cluster		Error		F	Sig.
Mean Square	Square	df	Mean Square	df		
X1	813. 389	1	56. 500	7	14. 396	. 007
X2	540. 109	1	33. 803	7	15. 978	. 005
X3	171. 742	1	10. 924	7	15. 722	. 005

The *F* tests should be used only for descriptive purposes because the clusters have been chosen to maximize the differences among cases in different clusters. The observed significance levels are not corrected for this and thus cannot be interpreted as tests of the hypothesis that the cluster means are equal.

二、Hierarchical Cluster 进行样本聚类和变量聚类过程

在 SPSS 中进行样本聚类和变量聚类的步骤如下。

（一）建立或读取数据文件。

（二）按 Statistics→Classify→Hierarchical Cluster 顺序打开分层聚类对话框。

（三）在对话框中的 Cluster 框中确定聚类类型。

1. 选择样本聚类 Cases。

2. 选择变量聚类（Variables）。

（四）指定分析变量和标识变量。

1. 选择参与聚类分析的变量进入 Variables 矩形框中。

2. 选择标识变量移入 Label Cases 框中。

（至此，如果参与分析的变量量纲一致，不需要进行标准化处理，采用系统默认值就可以提交系统运行了，如果不使用系统默认值，可以有选择地采用下述步骤。）

（五）单击主对话框 Method 按钮，确定聚类方法，其中含有以下几种选择项。

1. 聚类方法选择项：共有组间连接、组内连接、近邻法、远邻法、重心法、中位数法、最小方差法 7 种方法。

2. 距离测度方法选择项：根据变量类型来选择方法。

（1）连续变量：单击 Interval 按钮，有 8 种方法。

（2）计数变量：单击 Count 参数，有 2 种方法。

（3）二值变量：单击 Binary 参数，共有 4 种类型。

3. 确定标准化方法选择项：共有 7 种方法。

4. 测度转换方法的选择项：共有 3 种方法。

（六）单击 Statistics 按钮，选择输出统计量。

（七）单击 Piot 按钮，选择统计图表。

1. 选择 Dendrogram 项：树形图。

2. 选择 Icicle 项：冰柱图。

（八）单击菜单中 Save 项，可以生成和保存新变量。

（九）单击 OK 按钮，提交系统运行。

（十）问题举例。

例 8 – 11：随机抽取某体育学院体育教育专业毕业生 20 人的 9 门主干课程成

绩如下表，试对其作变量聚类分析。（表8-33）

表8-33 20名学生的9门主干课程成绩

编号	学体	田径	解剖	球类	保健	生理	体操	心理	武术
1	86	86	83	80	90	75	90	85	70
2	77	89	79	78	72	75	90	78	76
3	60	87	72	78	86	60	85	64	60
4	73	87	88	85	94	70	90	86	90
5	70	85	90	81	81	75	90	73	74
6	62	87	71	87	77	60	84	81	80
7	67	83	73	83	81	67	83	63	57
8	73	75	79	78	90	77	80	84	70
9	77	89	90	86	79	83	90	77	85
10	84	90	85	85	87	72	84	86	80
11	75	90	78	81	85	86	94	79	80
12	64	90	89	80	90	73	92	88	81
13	75	85	74	81	78	64	86	92	85
14	86	90	89	80	90	73	92	88	81
15	69	80	77	80	77	74	84	84	65
16	60	87	87	81	75	82	86	61	66
17	74	92	81	82	80	70	81	81	80
18	64	83	82	74	79	66	84	86	60
19	68	89	93	85	93	82	90	84	82
20	75	83	78	85	82	65	82	72	73

（十一）部分输出结果（表8-34~表8-36）。

表8-34 采用皮尔逊积差相关系数作为初始相似矩阵（Proximity Matrix）

				Matrix	File	Input			
Case	学体	田径	解剖	球类	保健	生理	体操	心理	武术
学体		.192	.344	-.055	.360	.212	.282	.520	.399
田径	.192		.272	.391	-.010	.198	.539	.030	.535
解剖	.344	.272		.029	.390	.577	.443	.167	.346
球类	-.055	.391	.029		.058	.129	.156	.001	.584
保健	.360	-.010	.390	.058		.115	.205	.311	.224
生理	.212	.198	.577	.129	.155		.545	.015	.263
体操	.282	.539	.443	.156	.205	.545		.158	.464
心理	.520	.030	.167	.001	.311	.015	.158		.555
武术	.399	.535	.346	.584	.224	.263	.464	.555	

表8-35 聚类的凝聚过程（Agglomeration Schedule）

	Cluster Combined		Coefficients Stage Cluster First Appears			Next Stage
Stage	Cluster 1	Cluster 2		Cluster 1	Cluster 2	
1	4	9	.584	0	0	5
2	3	6	.577	0	0	7
3	2	7	.539	0	0	5
4	1	8	.520	0	0	6
5	2	4	.387	3	1	7
6	1	5	.336	4	0	8
7	2	3	.278	5	2	8
8	1	2	.182	6	7	0

表 8-36 分为 3 类的聚类结果（Cluster Membership）

Case	学体	田径	解剖	球类	保健	生理	体操	心理	武术
3lusters	1	2	3	2	1	3	2	1	2

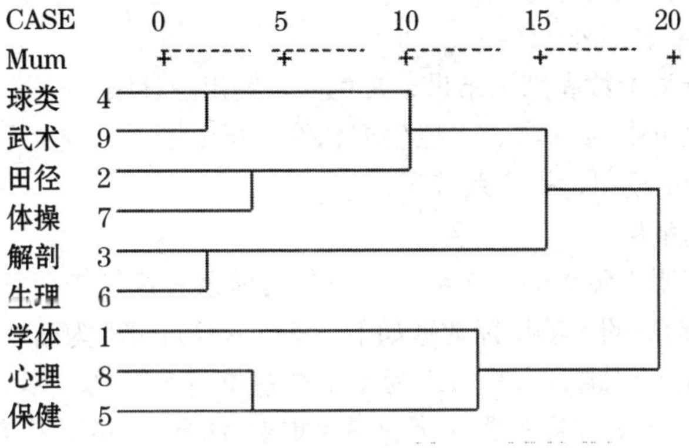

图 8-2 聚类树型图

三、Discriminate 进行判别分析过程

在 SPSS 中进行判别分析的主要过程如下。

（一）建立或读入数据库文件。

（二）按 Statistics→Classify→Discriminate 顺序打开判别分析对话框。

（三）根据已知观测量的所属类别，选择分类变量进入 Grouping Variables 框中，并单击 Define Range 按钮，指定分类变量的范围。

（四）选择特征变量进入 Independents 框中，作为参与判别分析的变量。

（至此，就可以采用系统默认值提交系统运行了，如果不使用系统默认值，可以采用下述步骤。）

（五）选择观测量。一般的做法是一部分观测量用来建立判别分析函数，而且有一个变量的某个值可以作为这些观测量的标识，保留一部分观测量作为待判样品。

（六）选择分析方法。

1. 在主菜单中单击 Enter Independents together 项，即使用所有自变量进行判别。

2. 在主菜单中单击 Use Stepwise Method 项，即使用部分自变量进行判别，此时，可以单击 Method 项，进一步选择分析方法。

（七）单击 Statistics 按钮，指定输出统计量。

1. 描述统计量选择。

2. 判别函数的系数。

3. 自变量的系数矩阵。

（八）指定分类参数和判别结果，常用的是输出统计图。

（九）单击菜单中 Save 项，可以生成和保存新变量。

（十）单击 OK 按钮，提交系统运行。

（十一）问题举例。

例 8－12：张明立编著的《多元统计分析方法及程序》有一例题（第 98 页）：40 名三级跳远运动员的 5 项指标数据如下（表 8－37）：X1 为站立式 40 米跑（s）、X2 为 2～4 步助跑 5 级跳（米）、X3 为 6 步助跑单足 5 级跳（米）、X4 为 10 步助跑跳远（米）、X5 为负杠铃系数（蹲起最大重量/体重），试对其进行判别分析。

表 8－37　40 名三级跳远运动员的 5 项指标数据

编号	X1	X2	X3	X4	X5	分类
1	5	18.53	19.03	6.17	2.46	2
2	4.7	18.82	21.6	6.68	2.36	1
3	5.7	18.02	20.02	5.74	3.43	2
4	4.7	20.9	21.78	6.42	3.33	1
5	4.8	21.6	21.9	6.27	3.18	1
6	4.9	17.21	18.19	5.74	2.27	2
7	4.6	17.28	18.16	5.74	2.86	2
8	4.8	17.28	18.16	5.74	2.86	2
9	5	19.08	18.96	5.86	2.38	2
10	4.7	17.74	18.02	5.2	2.15	2
11	4.7	18.1	19.3	5.64	2.5	2
12	5.1	17.03	18.2	4.94	2.35	2

编号	X1	X2	X3	X4	X5	分类
13	4. 7	17. 51	18. 03	5. 28	2. 46	2
14	4. 9	18. 35	18. 73	5. 52	2. 83	2
15	4. 8	19. 1	19. 8	5. 45	2. 72	2
16	4. 9	18. 03	19. 4	6. 12	2. 68	2
17	4. 9	18. 8	20. 7	6. 08	2. 32	2
18	5. 1	17. 2	17. 8	5. 63	2. 56	2
19	4. 93	18. 15	17. 73	5. 39	2. 5	2
20	4. 96	17. 9	18. 14	5. 8	3. 38	2
21	4. 91	18. 2	19. 17	5. 91	3. 56	2
22	4. 95	18. 4	19. 6	6	2. 42	2
23	5. 2	19. 1	20. 6	5. 93	2. 07	2
24	4. 9	18. 7	19. 2	5. 1	3. 67	1
25	5	17. 7	19. 79	5. 6	3. 43	2
26	4. 9	17. 5	18. 75	5. 4	2. 57	2
27	5. 1	18. 35	18. 98	5. 85	1. 95	2
28	5. 2	17. 55	18. 55	6. 02	3. 56	2
29	4. 9	17. 29	18. 45	5. 12	3. 85	2
30	4. 83	19. 45	19. 84	6. 15	2. 66	2
31	4. 8	19. 73	19. 58	6. 1	3. 17	1
32	4. 5	21. 5	21. 43	6. 47	3. 64	1
33	4. 8	18	18. 28	6. 06	2. 61	2
34	4. 61	19. 04	20. 38	5. 72	3. 38	1
35	4. 6	18. 48	18. 11	5. 75	2. 38	2
36	4. 8	19	17. 92	5. 38	3. 17	2
37	4. 9	17. 9	18. 61	5. 63	2. 71	2
38	5. 2	17. 9	18. 95	5. 9	2. 34	2
39	4. 9	18. 49	18. 37	5. 9	2. 29	2
40	4. 9	17. 57	18. 3	6. 02	2. 31	2

（十二）部分输出结果（表 8 -38 ~ 表 8 -43）。

表 8 -38 原始数据的描述统计量（Group Statistics）

		Mean	Std. Deviation	Valid N (Listwise) Unweighted	Weight
分类				Unweighted	Weight
1.00	×	4.7157	.1331	7	7.00
	×	20.0414	1.2705	7	7.00
	×	20.8386	1.1122	7	7.00
	×	6.1086	.5398	7	7.00
	×	3.2471	.4388	7	7.00
2.00	×	4.9327	.2074	33	33.00
	×	18.0664	.6429	33	33.00
	×	18.8073	.7991	33	33.00
	×	5.7170	.3138	33	33.00
	×	2.6845	.4776	33	33.00
Total	×	4.8948	.2121	40	40.00
	×	18.4120	1.0794	40	40.00
	×	19.1628	1.1512	40	40.00
	×	5.7855	.3851	40	40.00
	×	2.7830	.5135	40	40.00

表 8 -39 标准化的判别函数系数
（Standardized Canonical Discriminant Function Coefficients）

	X1	X2	X3	X4	X5
Function 1	-.508	.376	.665	-.098	.473

表8-40 未标准化的判别函数系数（含有常数项）
(Canonical Discriminant Function Coefficients)

	X1	X2	X3	X4	X5	Constant
Function 1	-2.572	.484	.777	-.274	1.003	-12.430

Unstandardized Coefficients

表8-41 各类均值所处的判别函数值（Functions at Group Centroids）

	Function
分类	1
1.00	2.929
2.00	-.621

Unstandardized canonical discriminant functions evaluated at group means.

表8-42 费希尔判别函数（Classification Function Coefficients）

	分类	
	1.00	2.0
X1	120.627	129.75
X2	31.077	29.35
X3	2.613	-.14
X4	16.005	16.97
X5	13.786	10.22
(Constant)	-696.070	-646.28

Fisher's linear discriminant functions

表8-43 预测分类总结（Classification Results）

		Predicted Group	Member Ship	Total
	分类	1.0	2.00	
Original Coun	1.00	5	2	7
	2.00	0	33	33
	1.00	71.4	28.6	100.0
	2.00	0	100.0	100.0
Cross - validated Coun	1.00	4	3	7
	2.00	0	33	33
	1.00	57.1	42.9	100.0
	2.00	.0	100.0	100.0

a Cross validation is done only for those cases in the analysis. In cross validation, each case is classified by the functions derived from all cases other than that case.

b 95.0% of original grouped cases correctly classified.

c 92.5% of cross - validated grouped cases correctly classified.

第七节 因子分析

在多指标（变量）的研究中，由于变量个数太多，并且彼此之间存在着一定的相关性，因而使得所观测的数据在一定程度上反映的信息有所重叠，而且当变量较多时，在高维空间中研究样本的分布规律比较复杂，主成分分析就是把多个指标化为少数几个综合指标的统计方法，代表各类信息的综合指标就称主成分或因子。

因子分析是根据综合指标所反映的独特含义命名的。可以这样理解，它是根据变量相关性的大小，把变量分组，使得同组内的变量之间相关性（共性）较高，而不同组的变量相关性较低。从实际意义上来讲，每个因子代表一个方面的含义；从统计学上来讲，每个因子代表了原协方差结构的一个基本结构，即主成分分析是原变量的线性函数，而因子分析是将原变量表示为新因子的线性函数，所以，因子分析是主成分的一个应用和发展。

一、使用 SPSS 系统默认值进行因子分析

使用系统默认值进行因子分析较为简单，虽然可能得不到满意的结果，但对要分析的问题有了初步的认识，便于后面的深入分析。其具体步骤如下。

（一）建立或打开数据文件。

（二）按 Statistics→Data Reduction→Factor 顺序打开因子分析对话框。

（三）选择分析变量进入 Variables 框中。

（四）单击 OK 按钮，提交系统运行。

二、因子分析过程中的选择项

在因子分析的主对话框下面，包括 5 项选择按钮。

（一）单击 Descriptive 按钮，进入描述统计选择

2. Statistics 统计量栏有两项选择。

（1）Univariate Descriptive 为单变量描述性统计。

（2）Initial Solution 为初始分析结果。

2. Correlation Matrix 相关矩阵栏。

（1）Coefficients 为相关系数。

（2）Significance levels 为相关系数的显著性水平。

（3）Determinant 为相关系数矩阵行列式。

（4）Inverse 为相关系数矩阵的逆矩阵。

（5）Reproduced 为再生相关阵。

（6）Anti - image 为反映象相关阵。

（7）KMO and Bartlett 检验。当 KMO 值越大时，表示变量间的共同因素越多，就越适合作因素分析。根据学者 Kaiser 的观点，如果 KMO 的值小于 0.5 时，不宜作因素分析，Bartlett 检验的显著性也是此道理。

（二）单击 Extraction 按钮，进入因子提取选择项

1. 在 Method 参数框中，有 7 种因子提取法（在此按顺序缩写）。

（1）PC 为主成分分析法。

（2）ULS 为未加权最小平方法。

（3）GLS 为广义最小平方法。

（4）ML 为极大似然法。

（5）PAF 为主轴因子法。

（6）Alpha 为 α 因子提取法。

（7）Image 为映象因子提取法。

2. 在 Analyze 栏中指定分析矩阵的选择项。

（1）Correlation Matrix 选项：以相关矩阵为提取因子的依据。

（2）Covariance Matrix 选项：以协方差矩阵为提取因子的依据。

3. 在 Display 栏中指定输出有关项。

（1）Unrotated Factor Solution 选项：显示未经旋转的因子提取结果。

（2）Scree Plot 选项：显示因子碎石图，从碎石图的情形，也可以作为挑选因素分析数目的标准。

4. 在 Extract 栏中指定提取因子个数。

（1）Eigenvalues Over 选项：根据因子特征值来提取因子，系统默认值为 1。

（2）Number of Factors 选项：指定因子提取数。

5. 在 Maximum Iterations for Convergence 参数栏中，指定因子迭代次数，系统默认值为 25。

（三）单击 Rotation 按钮，进入旋转方法选择项

1. 在 Method 框中，有 6 种因子旋转法。

（1）None 选项：不旋转。

（2）Varimax 选项：方差最大旋转。

（3）Direct Oblimin 选项：直接斜交旋转。

（4）Quartimax 选项：四次幂极大正交旋转。

（5）Equamax 选项：平均正交旋转。

（6）Promax 选项：大样本的斜交旋转。

2. 在 Display 栏中指定输出有关项。

（1）Rotated Solution 选项：显示旋转结果。

（2）Lording Plot（s）选项：显示因子载荷散点图。

3. 在 Maximum Iterations for Convergence 参数框中，指定旋转的最大迭代次数，系统默认值为 25。

（四）单击 Scores 按钮，进入因子得分选择项

1. Save as Variables 选项：因子得分作为新变量保存在数据文件中。

2. 在 Method 框中，指定因子得分的方法。

（1）Regression 选项：回归法。

（2）Bartlett 选项：巴特利特法。

（3）Anderson—Rubin 选项：安得森—鲁宾法。

3. Display Factor Score Coefficient Matrix 选项：在输出窗口中显示因子得分的系数矩阵。

（五）单击 Options 按钮，进入输出方式及缺失值处理选择项

1. 在 Missing Values 栏中选择缺失值处理方法。

2. 在 Coefficient Display Format 栏中指定载荷系数的显示格式。

三、体育科学研究中因子分析的案例

在现代体育科学研究中越来越多地使用了因子分析的方法。其原因主要有两方面：一是因为体育社会现象之间的联系很少是单纯一对一的关系，而是多元的；二是随着体育科学研究的进展和测量手段的进步，使过去较低层次的变量也得到了量化，继而使变量之间的关系得以明晰。在此介绍的因子分析案例是关于大学生参与体育活动价值观的调查问卷，其主要步骤如下。

（一）设计大学生参与体育活动价值观的调查问卷

（二）实施具体的测量

根据分层抽样的原则，在国内不同办学水平的综合大学、学院、高等专科学校随机选取了 1000 名大学生，得到有效样本 918 人，其中男学生 516 人，占 56.2%；女学生 402 人，占 43.8%。大学一年级学生 252 人，占 27.4%；二年级学生 226 人，占 24.6%；三年级学生 300 人，占 32.6%；四年级学生 142 人，占 15.4%。平均年龄 21.7 岁。

（三）对测量得到的数据进行有选择项的因子分析

1. 根据 24 个变量建立数据文件。

2. 按 Statistics→Data Reduction→Factor 顺序打开因子分析对话框。

3. 选择 24 个变量进入 Variables 框中。

4. 在主对话框中，单击 Descriptive 按钮，进入描述统计选择。

（1）在 Statistics 统计量栏中选择了 Initial Solution 为初始分析结果。

（2）在 Correlation Matrix 相关矩阵栏选择了 Coefficients 为相关系数。

5. 单击 Extraction 按钮，进入因子提取选择项。

（1）在 Method 参数框中，选择了 PC 为主成分分析法。

（2）在 Analyze 栏中指定分析矩阵的选择项 Correlation Matrix，即以相关矩阵为提取因子的依据。

（3）在 Display 栏中指定输出有关项 Unrotated Factor Solution 选项，显示未经旋转的因子提取结果；选择 Scree Plot 选项，显示因子碎石图。

（4）在 Extract 栏中指定提取因子个数：选择 Eigenvalues Over 选项，根据因子特征值来提取因子，系统默认值为 1。

（5）在 Maximum Iterations for Convergence 参数栏中，指定因子迭代次数，系统默认值为 25。

6. 单击 Rotation 按钮，进入旋转方法选择项。

（1）选择 Varimax 选项：方差最大旋转。

（2）在 Display 栏中指定输出有关项：选择 Rotated Solution 选项，显示旋转后的结果。

7. 单击主分析框的 OK 按钮，提交系统运行。

（四）部分输出结果。（表 8－44、图 8－3）

表 8－44　总方差分解（Total Variance Explained）

	Initial Eigenvalues			Extraction Sums of Squared Loadings		
Component	Total	% of Variance	Cumulative %	Total	% of Variance	Cumulative %
L	5. 30	22. 118	22. 118	5. 308	22. 11	22. 118
2	1. 81	7. 542	29. 659	1. 810	7. 54	29. 659
3	1. 65	6. 911	36. 571	1. 659	6. 91	36. 571
4	1. 32	5. 522	42. 093	1. 325	5. 52	42. 093
5	1. 10	4. 603	46. 697	1. 105	4. 60	46. 697
6	1. 02	4. 260	50. 957	1. 023	4. 26	50. 957
7	. 99	4. 150	55. 107			
8	. 95	3. 984	59. 091			
9	. 89	3. 740	62. 831			
10	. 86	3. 612	66. 443			
11	. 77	3. 231	69. 674			
12	. 74	3. 093	72. 767			

Component	Initial Eigenvalues			Extraction Sums of Squared Loadings		
	Total	% of Variance	Cumulative %	Total	% of Variance	Cumulative %
13	.73	3.048	75.815			
14	.66	2.768	78.583			
15	.65	2.743	81.326			
16	.64	2.704	84.031			
17	.60	2.505	86.536			
18	.57	2.400	88.936			
19	.52	2.200	91.136			
20	.47	1.979	93.115			
21	.46	1.940	95.055			
22	.44	1.845	96.900			
23	.39	1.663	98.562			
24	.34	1.438	100.000			

Extraction Method: Principal Component Analysis.

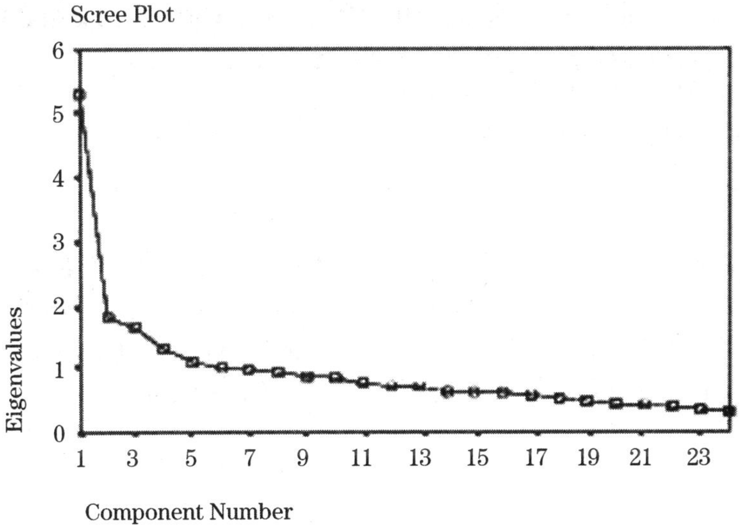

图 8－3　表现各因子特征的碎石图

（五）输出结果的理论解释

表8－44的总方差分解包括各主成分的序号（Component）、相关矩阵的特征值（Eigenvalues）、各成分所解释的方差占总方差的百分比（% of Variance）及累积百分比（Cumulative %）。从此例来看，特征值大于1的因子有6个，累积百分比为60.0%，因此，提取6个因子作为公因子。图8－3为各主成分特征值碎石图。

从表8－45中可以看出，在第1个因子中，负荷大于0.400的项目共有6个，它们依负荷大小排列的顺序为：保持一个最佳的心理调节水平，培养自我实现的意识，培养组织领导能力，培养情绪的稳定性，培养合作的能力，增强自信心。由于这些项目所涉及的问题主要与心理有关，故将其命名为“健心因子”。在第2个因子中，负荷大于0.400的项目共有6个，包括保持健康自然的身体状况，发展机体的活力，保持健康的躯体功能，提高和控制躯体自由移动的能力，进行有规律的身体练习等。这些项目主要与体力和健康有关，故将其命名为“健身因子”。在第3个因子中，负荷大于0.400的项目共有4个，分别是发展各种运动技巧与技能，了解体育锻炼的作用与原理，培养高尚的体育道德，保持和控制体重。这些项目主要与体育活动中的审美与知识传授有关，故将其命名为“健美与求知因子”。在第4个因子中，负荷大于0.400的项目有3个，分别是得到成功、提供职业或就业准备和继续将来的校外学习活动。这几个项目与将来的发展有关，故将其命名为“发展因子”。第5个因子中负荷大于0.400的项目共有3个，分别是结识新朋友、与别人相互了解和共同娱乐。这些项目都与参与社会交往，与别人相互了解有关，故将其命名为“社交因子”。在第6个因子中，有两个高载荷项目，一个是培养在自己喜爱的体育活动中坚持锻炼的习惯，另外一个是体育活动能预防、检测、纠正身体的缺陷，这两个项目与体育本身的特有功能有关，故将其命名为“体育活动特殊因子”。

上述因子分析结果表明，大学生对参与体育活动价值判断的重要因子有6个：健心因子、健身因子、健美与求知因子、发展因子、社交因子、体育活动特殊因子，各个因子的相对重要性不同。由此可见，健心、健身、健美、社交、发展等体育价值及身心健康的大体育观念为越来越多的大学生所认同。

表 8－45 各变量的含义及最大因子载荷（旋转后每行中的最大值）

变量	对体育活动价值的陈述	因子载荷
Q24	保持一个最佳的心理调节水平	.681
Q19	培养自我实现的意识	.610
Q23	培养组织领导能力	.600
Q18	培养情绪的稳定性	.580
Q17	培养合作的能力	.556
Q6	能增强自信心	.465
Q9	保持健康自然的身体状况	.638
Q1	发展机体的活力	.586
Q22	保持健康的躯体功能	.524
Q11	提高和控制躯体自由移动的能力	.515
Q4	进行有规律的身体练习	.451
Q14	培养积极的心理素质	.576
Q15	发展各种运动技巧与技能	.649
Q13	了解体育锻炼的作用与原理	.580
Q21	培养高尚的体育道德	.634
Q20	保持和控制体重	.599
Q10	得到成功	.643
Q12	提供职业或就业准备	.592
Q16	继续将来的校外学习	.462
Q3	结识新朋友	.703
Q5	与别人相互了解	.687
Q2	共同娱乐	.464
Q8	培养在自己喜爱的体育活动中坚持锻炼的习惯	.705
Q7	预防、检测、纠正身体的缺陷	.510

第八节 非参数检验

本章第四节所讲的假设检验，如 t 检验、F 检验，都属于参数检验，参数检验是在符合某些假定条件如总体正态分布、方差齐性等情况下，就总体的某些参数所进行的检验，但是，在许多情况下，无法满足总体的正态分布要求，而且在科学研究中所得到的数据并非都是等距变量或等比变量，因此，就必须采用非参数检验。非参数检验的主要特点：其一，它不需要严格的前提假设；其二，特别适合等级变量；其三，适合小样本。在 SPSS 中进行非参数检验由主菜单 Statistics 下拉菜单中的 Nonparametric Tests 菜单项进行。

一、SPSS 中非参数检验方法概述

（一）卡方检验（Chi - Square）

Chi - Square 是对单个样本做检验的推断方法，用于推断目前掌握的样本是否来自某特定分布总体，属于拟合优度检验。卡方检验要求提供假定总体理论频数，默认总体为均匀分布时无需提供理论频数。其过程是通过分析实际频数与理论频数吻合的程度来完成检验，因此，特别适合于频数资料的分析。例如，成绩优、良、中、差的学生人数总体来说是否相同，持某种观点的人数总体说来是否达到 60% 等。分析中要求样本足够大，按观察值从小到大的顺序提供理论频数。理论频数通过主对话框中的 Expected Values 的 Values 选项提供，All Categories Equal 选项是默认项，即均匀分布。如果想推断样本中某一范围内的频数是否来自某种特定分布总体，可以通过主对话框中的 Expected Range 的 Use Specified Range 选项提供范围的上、下限。在具体问题中的理论频数根据假定总体分布计算或问题的实际背景确定。

（二）二项式分布检验（Binomial）

Binomial 过程对二值变量的单个样本做检验，推断总体中两类个体的比例是否分别为丌和（1 - 丌），系统默认的检验概率值是 0.5。可借助主对话框中 Define Dichotomy 栏定义二分值，Get form data 选项适用于指定的变量只有两个有效值。

Cut point 选项提供截断点，将超过两个值的变量转化成二值变量做分析。

（三）游程检验（Runs）

Runs 过程借助样本序列的顺序推断总体的顺序是否是随机的，属于随机检验。此过程将变量转化成二值变量后再做检验，转化时所用断截点可以是 Median（中位数）、Mode（众数）、Mean（平均数）或制定的数值（Custom），通过 Cut Point 选项提供截断点。输出结果中只提供近似的正态 P 值，因此要求样本足够大。游程检验的基本思想也可以用于分析两个独立样本数据，推断两个总体的分布是否相同。

（四）单样本分布检验（1 – Sample K – S）

1 – Sample K – S 过程推断单样本是否来自正态分布总体（Normal）、均匀分布总体（Uniform）、泊松分布总体（Poisson）、指数分布总体（Exponential），属于拟合优度检验，系统默认正态检验。此方法由苏联学者柯尔莫哥洛夫 – 斯米诺夫提出，故又称 Kolmogorov – Smirnov 检验，简称 K – S 检验。此过程直接处理原始数据，小样本也可以采用，计算结果中的 Z 是渐近统计量。SPSS 命令允许用户设定正态分布的平均数和标准差、为泊松分布指定平均数、为均匀分布指定最大值和最小值。

（五）两个独立样本分布检验（2 – Independent – Samples）

2 – Independent – Samples 过程用于推断两个独立样本是否来自相同的总体，有 4 种方法供选择。

1. Mann – Whitney U 检验，简称 M – W 检验，由曼（Mann） – 惠特尼（Whitney）提出。其实质是根据中位数检验来判断两个总体取值的平均状况是否有显著性差异，属于位置参数检验。小样本时应读取精确概率作结论。

2. Kolmogorov – Smirnov 检验，即上面所述的 K – S 检验，如果是小样本，不可以直接利用结果中的 P 值作结论，而应读取结果中的两个经验分布函数的最大差值查界值表作结论。

3. Wald – Wolfowits Runs 检验，简称 W – W 检验。与 K – S 检验相似，此过程自动地根据样本大小给出确切概率或正态近似法的结果。

4. Moses Extreme Reactions 检验，注重对分布变异程度的检验，要求样本足够大。

（六）多个独立样本分布检验（K－Independent－Samples）

K－Independent－Samples 过程，推断多个独立样本是否来自相同的总体，有 3 种方法供选择。

1. Kroskal－Wallis H 检验，由克鲁斯卡尔（Kroskal）和利斯（Wallis）提出，属于位置参数检验，也即多个样本比较的秩次检验。

2. Median 检验，与 Kroskal－Wallis H 检验相同，但如果样本相同值很多，用 Median 检验效果较好。

3. Jonckhcere－Terpstr 检验。

（七）两个相关样本分布检验（2－Related－SampIes）

2－Related－Samples 推断两个相关样本是否来自相同的总体，有 4 种方法供选择。

1. Wilcoxon 检验，属于对称性检验，由威尔克逊（F. Wilcoxon）提出，即符合秩次检验，检验差值总体的对称中心是否为 0，从而推断样本是否来自总体。小样本时要注意利用结果中的秩和统计量查表作结论。

2. Sign 检验，也属于对称性检验，但此方法不考虑“＋”或“－”差值的相对大小关系（即秩次），只检验差值总体中“＋”与“－”的个数是否相同，从而推断两个样本是否来自中心位置相同的总体。

3. McNemar 检验，即配对四格表资料有无差别的 b、c 格比较的检验，因此，只接受二值变量。小样本时采用二项分布计算精确概率，大样本时采用卡方检验。

4. Marginal Homogeneit 检验。

（八）多个相关样本分布检验（K－Related－Samples）

K－Related－Samples 过程分析多个样本是否来自分布相同的总体，有 3 种方法选用。

1. Friedman 检验，即随机区组资料的秩和检验。

2. Kendall′s W 检验，即肯德尔和谐系数检验。

3. Cochran′s Q 检验，是 McNemar 检验的推广，也只适用于二分变量数据。

二、非参数检验方法问题举例

（一）例 8 - 13：随机抽取 40 名体育教育专业男学生的 1 分钟仰卧起坐成绩，问此成绩是否符合正态分布？（表 8 - 46）

表 8 - 46　40 名体育教育专业男学生的 1 分钟仰卧起坐成绩

50	28	30	17	58	46	54	48	56	56
48	5	35	50	42	49	55	36	46	38
38	36	48	48	47	48	38	51	30	38
48	40	47	56	42	25	46	33	58	56

根据此问题的性质，应采用单个样本的 K—S 检验，在 SPSS 中实现过程如下。

1. 建立或打开数据文件。
2. 按 Statistics→Nonparametric Tests→1 - Sample K - S 展开检验对话框。
3. 从左侧变量框中选择检验变量进入 Tests Variable 框中。
4. 确定分布检验：在 Test Distribution 框中，分别有 Normal（正态分布）、Uniform（均匀分布）、Poisson（泊松分布）、Exponential（指数分布）复选项，在此选择 Normal。
5. 选择输出结果及缺失值处理方式。
6. 单击 OK 按钮，提交系统运行。
7. 部分输出结果。（表 8 - 47）

表 8 - 47　正态分布检验结果（One - Sample Kohnogorov - Smimov Test）

		仰卧起坐
N		40
Normal Parameters	Mean	44.2750
	Std.　Deviation	9.9202
Most Extreme Differences	Absolute	.169
	Positive	.083

	仰卧起坐
Negative	-.169
Kolmogorov - Smirnov Z	1.069
Asymp. Sign (2 - tailed)	.203

a Test distribution is normal.

b Calculated from data.

结论：40 名体育教育专业男学生的 1 分钟仰卧起坐成绩服从正态分布。

（二）例 8 - 14：某学校 15 名男中学生接受训练前后的助跑摸高成绩如下，问训练前后成绩是否有显著性差异？（表 8 - 48）

表 8 - 48　15 名男生训练前后的助跑摸高成绩　　单位：厘米

训练前	48	54	60	64	48	55	54	45	48	51	56	48	64	50	54
训练后	70	66	56	63	63	56	58	60	65	65	75	66	56	59	70

此问题属于两个相关样本的检验，选用 2 - Related - Samples 过程。在 SPSS 中的操作步骤如下。

1. 建立或打开数据文件。
2. 按 Statistics→Nonparametric Tests→2 - Related - Samples 展开检验对话框。
3. 在左侧变量框中选择检验变量进入 Tests Pair（s）List 框中。
4. 确定检验方法：在 Test Type 框中有 4 种方法，在此选择 Sign 复选项。
5. 选择输出结果及缺失值处理方式。
6. 单击 OK 按钮，提交系统运行。
7. 部分输出结果。（表 8 - 49）

表 8 - 49　Sign 检验结果（Test Statistics）

	训练后—训练前
Exact Sign（2 - Tailed）	.035

a Binomial distribution used.

b Sign Test

结论：15 名男生训练前后的助跑摸高成绩有显著性差异。

（三）例 8－15：为了检查实验班和普通班某一课程成绩的差异，随机在实验班抽出 5 名学生，从普通班抽出 7 名学生，用同一试题进行测试，实验班为：92、85、88、76、90；普通班为：75、85、96、90、68、87、85。问这两个班的成绩是否有差异？

根据问题的性质，应采用两个独立样本的检验，选用 2－Independent－Samples 过程，在 SPSS 中的操作步骤如下。

1. 建立或打开数据文件。
2. 按 Statistics→Nonparametric Tests→2－Independent－Samples 展开检验对话框。
3. 从左侧变量框中选择检验变量进入 Tests Variable 框中。
4. 确定检验方法：在 Test Type 框中有 4 种方法，在此选择系统默认项，即曼－惠特尼 U 检验法。（表 8－50）
5. 选择输出结果及缺失值处理方式。
6. 单击 OK 按钮，提交系统运行。
7. 部分输出结果。（表 8－51）

表 8－50 曼－惠特尼 U 检验秩和表（Ranks）

	分组	N	Mean Rank	Sum of Rank
成绩	1.00	5	7.30	36.5
	2.00	7	5.93	41.5
	Total	12		

表 8－51 曼－惠特尼 U 检验结果（Test Statistics）

	成绩
Mann－Whitney U	13.50
Wilcoxon W	41.50
Z	－.65
Asymp. Sign（2 tailed）	.51
Exact Sign［2＊（1－tailed Sign）］	.53

a Not corrected for ties.

b Grouping Variable：分组

结论：两个班的成绩没有显著性差异。

本章复习思考题：

1. 在科研论文中 SPSS 如何对数据进行处理？
2. 各类分析在科研论文中的使用过程和步骤？

第九章　体育科学研究者应具备的素质

现代科学技术的飞速发展为人类社会带来了巨大的进步和财富，也为当代体育的发展增添了无限的活力。科学家和科研人员在现代社会中的地位和作用越来越重要，科学研究活动正为越来越多的人所重视和参与。虽然多数体育院校的本、专科学生可能一时还不能成为一流的科学家或专业研究人员，实际上也不是任何人都能在体育科研上有所建树的。但对立志献身体育事业、受过高等教育的人来说，都应具备从事体育科研的一些基本素质和条件。只有这样才能在未来的各种体育工作岗位上创造性地开展工作。当代体育的科学化特点日益明显，无论是体育教师、教练员或体育管理干部，都要用科学理论去指导体育实践，并善于在实践中不断发现问题，而对新情况、新问题又要勇于进行开拓性探索，力求发现事物的本质与规律，从而创造出新的理论知识并用于指导体育实践，在本职工作中争取更大的成绩。尤其是当今社会对人才的素质要求越来越高，日益全面，许多职业、岗位本身就有对科研工作及成果的明确要求。因而，现代社会对专业人才的科研素质的培养更加重视。因此，大学生在进入未来工作岗位之前，利用学校的一切有利条件，来全面提高自己的科学素质是十分必要的，以免“临阵磨枪”或“用时恨少”。

第一节　理论知识的准备

一、通才取胜的趋势

现代科学发展到今天，已呈现出高度分化又高度综合、整体上综合化的趋势。各类、各门学科之间相互交叉、相互渗透，新兴边缘学科大量涌现，科学园地不断生长出千姿百态的“连理枝”“嫁接果”。随着体育的发展和科技的进步，体育科学也不断与各门自然科学、社会科学相互交叉、渗透、体育科学体系内部各学科间也不断分化综合，因而产生出大量新的学科和科研成果。从 20 世纪 70 年代以来，国内外不少学者曾对这样的趋势和科研人员知识结构与研究成果之间的关系进行了深入研究，结果表明：现代科学家与研究人员只有具备宽广的基础理论知识和精深的专业知识技术，才更容易取得成果，或称之为专才基础上的通才取胜。近十几年来，我国体育科研中的发展状况和对取得较多成果者的知识结构分析，也同样表明了这样的趋势。

所谓专才基础上的通才，既不是古代科学时期主要从整体上和多学科领域去“博而浅”地认识客观世界的科学通才，如中国古代的孔子、古希腊的亚里士多德和文艺复兴时期的达·芬奇等，也不是近代科学发展时期以主要从某一局部和单学科去“专而深”地认识客观世界的科学专才。近代科学发展时期，随着各门学科的独立分化，以分门别类、分析为主的研究方法的运用，各门自然科学间的联系相对减少，多数科学家往往因专攻一个领域或学科而成为专家，其知识结构以专门系统为主。现代科学技术的发展趋势要求科学家、科研人员成为知识结构既广博又精深的新型人才，这种人才首先是某一学科领域的专才，应是通晓专业知识技能的专家；其次又能以专业为中心拓展知识面，较好地具备有关自然科学、社会科学、哲学的广博理论知识和丰富的实践经验，成为以专业为核心的相关知识领域较宽的通才。只有这样，才能在体育的某一学科或专门领域内去掌握发展更高级、更专深的知识与技能，进而做出开拓性的贡献；或在专业前沿左右驰骋，变换主攻目标，开拓各种新的知识领域。当代国内外高等教育的改革，都十分重视和强调学科、专业的交叉综合趋势，改革教育计划，优化课程结构，实行文理相通和交叉、双学位、重辅修、学分制等，力图培养出富于开拓和创造的专才基础上的通才。体育科研工作者也必须适应这种形势需要，调整优化自己的知识结构，以更得心应手地在今后工作中进行学习与创造。

二、全面熟练地掌握专业知识与技能

要全面熟练地掌握专业知识与技能，首先，对专业知识体系要有正确全面的理解。在体育高等院校中现在设置的专业，是以几门主干学科和十几门主干课程为核心而向外扩展、组织起来，以适应未来某一方面体育工作特点需要的知识技能体系。在各个专业的课程体系结构中，也相应体现了专业知识技能、基础理论知识及大学生必备的文化基础知识。当然，现行的不少专业的知识体系结构还不能完全适应当代科技发展的新趋势，存在着专业面窄、基础薄弱、知识面不宽等缺陷。另外，不少学生还往往把自己在体育技能上的某个特长专项甚至一个专项中的某一技能理解为专业，从而只重视对这一专项技能的学习掌握，忽视对整个专业基础理论和专业理论及各个专项的全面学习，这更是片面的认识。作为面向未来社会的新型人才，就学习各个专业的知识体系而言，既要学习掌握各专业的专业理论、各专项技术与理论（不仅指一个专选项目，还包括必学的所有专项），又要抓好专业基础理论的学习，它是各专业人才知识结构中的主体与基础部分，基础扎实雄厚，专业特长才能向尖而精的方向发展，犹如根深叶茂的道理一样。体育各专业的基础课中，大致包含了生物科学和教育科学知识，但目前这一基础似乎显得过于狭窄和局限，尤其是社会科学理论和一些新兴交叉、边缘学科知识比较薄弱，应通过选修课和课外阅读来求得有所突破和加强。此外，还要学习有关方法与工具学科的知识，如外语、计算机、数学、统计学、体育测量与评价等学科，这一部分不少人极为忽视，而这些知识技能又恰恰在体育科研中极为需要，必须高度重视并学好。对教育计划中的各类选修课程，应根据各专业的特点、今后工作与研究的需要，选修有关学科的理论，完善自己的知识结构，尽可能使知识面沿着专业方向取得比较广博的发展，以增强对社会的适应性和对专业学习、研究的适应性。

三、重视对科学研究方法论的学习

科学研究方法论是一个内容十分丰富，以各种具体研究方法为主体的多层次的理论体系。重视对科学研究方法论的学习，首先，要从哲学方法层次加强学习，提高个人的哲学素养，力求以正确的世界观、方法论去指导自己的学习与科研实践，使科学认识活动及其结果尽可能符合客观世界本来的面目与发展规律。大量科研实践证明：没有正确的哲学思想作指导，科研工作很难上升到较高层次，也很难取得重大成果。其次，要全面熟悉和掌握各种具体的科研方法，包括获取经验事实材料的方法和研究加工材料的方法。如前面有关章节所述，在科学研究中，除了选题正确、具备相关理论知识和客观条件外，掌握与运用系统的研究方法是取得成功的至关重要的条件。不但要学习掌握各有关研究方法的理论知识、特点，而且要善于根据不同条件、不同课题去灵活运用，并在运用中去创造与发展方法、内容。任何研究方法手段总是伴随着科学研究而同步前进的，一些重大的先进的科研活动及其成果，往往带来研究方法的突破与进步。由于过去在专业与课程设置及教育内容上的局限，对大多数体育本、专科学生而言，主要在这一方面显得薄弱，有些人不会设计调查提纲和问卷，不少人不会设计实验设计方案。因此，要为今后从事体育科研打下方法基础，必须先努力掌握这一重要认识工具和研究武器。

四、重视对科技写作学、科学史、社会学知识的学习与掌握

当代科技发达国家，都日益重视对大学生开设科技写作类课程，甚至将其列为应用科学课程。科学的语言是“文章”，掌握这些知识有利于清晰、准确、严密地表达自己的成果与思想。另外，要精通科学发展的历史状况，了解体育科学的发展与变化，从对历史的学习总结结合现实中更好地开展科研。当代体育的发展规模与速度是前所未有的，正在呈现体育社会化的趋势。体育不再是少数人的行为，已成为国家的一项重要事业和千百人积极参与的社会活动，它与社会的政治、经济、文化、教育、科技等发生着日益密切的联系，体育已成为人们日常生活的重要部分。因此，研究体育的现象与矛盾更需要与社会各方面、各领域发生联系，需要具备社会学的有关知识来全面研究，以更客观地认识体育的本质与规律。

第二节　科研中主要能力的培养

能力指人完成某种活动的本领，包括保证活动顺利进行的心理特征和活动的具体行为方式。它是在人的实践活动中、在掌握知识与技能的基础上培养和形成的。能力的形成与知识技能密切相关，两者相辅相成。在体育科研中所解决的综合性、创造性任务，不是某种单独的知识或能力所能及的，而往往是各种能力、智力的结合，即各种复合能力。它主要包括以下几种能力。

一、自学能力

自学能力指独立学习获得知识、掌握技能、技术的能力。在现代科技高度发展、知识更新越来越快、科学知识成果越来越多的信息社会中，自学能力日显重要。单靠过去教师传授现成知识技能而受用终生的时代已经过去，终身教育、自我教育早已成为一种国际趋势。有研究报告表明，一个大学生毕业后 3 ~ 5 年内，其在校期间所学知识有 50% 左右已经陈旧，需要不断学习更新。因此，现在大学生的在校学习，主要应掌握最稳定的基础的理论知识原理和学习方法，其中独立自学的方法、自学能力是最重要的。所谓“授人以鱼，不如授人以渔”。有了自我获取知识技能的能力，就能在今后的工作中，根据需要随时调整自己的知识结构，更新

知识内容，拓展原有的专业知识领域，进行创造性的工作。

自学能力是一种复合能力，它大致包括优选学习内容与主攻方向、制订学习计划、运筹时间、课外阅读、做读书笔记、加工整理文献、撰写学习心得或读书报告等各种能力。其中一些能力也必然包括观察力、记忆力、想象力、思维力、注意力等稳定心理特征和某些知识技能（如阅读、笔记的技巧与知识）。科研工作者在他要研究的所有课题中几乎都需要自学能力，以便围绕课题展开对原有知识结构的补充、完善，及时学习掌握与课题有关的各种新理论、新知识，进而为顺利攻关打下理论基础准备必需的武器。另外，在当今的职业选择中，也往往不再是过去那种根据大学专业而一业定终身，往往需要在相近专业（甚至不同专业）领域变换职业和专业方向。因而，仅靠在学校学到的少量现成知识是无能为力的，必须靠自学能力在原有专业基础上迅速调整知识与能力结构，围绕新的专业（职业）方向和实际需要自我组织新的学习，以及时获取必要的知识，适应社会的需要。目前，我国高等体育教育也越来越重视对学生自学能力的培养，以适应大学生在未来社会中的适应力和竞争力，适应在工作中的不断创造、不断学习的需要。可以说，自学能力是一个人在当今社会的各专业领域生存与发展的能力。不少科学家、学者甚至从未上过大学而靠自学成才的人，在科学上做出了卓越的贡献。

二、发现和提出问题的能力

无论在学习、训练或研究工作中，善于留心去观察与思考，并及时发现和提出疑难问题，这是作为一般体育科研工作者应具备的能力之一。人类所面临的未知世界，人对自然界、社会、对体育运动中尚未认识的奥秘比人类已经认识的和获得的科研成果要多得多。科学研究就是永不停息地去发现、探求未知世界的奥秘。因此，能敏锐地发现和提出新问题，既重要，又较困难。爱因斯坦等科学家强调了提出、发现问题比解决问题本身更重要。历史上的许多卓有成就的科学家都具备敏锐地发现和提出问题的能力。

要做到善于发现、提出问题，必须注意在以下几方面训练自己。

（一）防止思想上的迟钝，培养自己的好奇心和敏感性。随时在生活、学习、教学、训练中“留心意外之事”，富于直觉，对事物敏感，能及时发现、提出问题。贝弗里奇认为“留意意外之事”是研究工作者的座右铭。

（二）训练自己的观察力。体育运动的丰富实践充满了创造和矛盾，要善于在学习中，在体育实践中注意观察各种新事实、新现象、各种异常状态乃至细微线索，及时抓住机遇，并认真解释和判断，从而提出有价值的问题。科学家巴斯德指出："在观察的领域中，机遇只偏爱那种有准备的头脑。""如何辨别有希望的线索，是研究艺术的精华所在。""他也需要具有想象力和丰富的知识来了解自己是不是有新的观察，来看到自己的观察可能有哪些含义。"

（三）博览群书，丰富知识，有助于融会贯通，提出非凡的见解。古人为获取书本和实际知识，总结为"读万卷书，行万里路"。一个人知识渊博、见多识广，才可能具备思想的变通性，对问题和现象举一反三，对观察中的细微线索和新奇现象进行深入分析和判断，才能从纷繁的现象中提出根本性问题。另外，许多新学科理论知识，还能为我们提供认识和观察事物的新视角、新方法，有助于发现新问题。

（四）善于思考和想象。对学习、训练中的矛盾、疑难问题，不但要善于去捕捉、注意，而且还要善于对这些矛盾、疑难问题多思考分析，多问几个"为什么"，大胆进行联想、幻想、分析、组合、综合、改进，有利于提出与众不同的新问题、新思路、新构想。

（五）培养批判和独创精神。敢于冲破旧的传统观念，不要盲目迷信"权威""经典"，用唯物辩证法的发展的、普遍联系的、相互转化的观点去看待已有的各种理论与成果。敢于弃旧图新，大胆发问，独出心裁地提出问题，与众不同地开创新思路，并有坚强的信念和勇气，大胆提出好点子和新课题。

三、动手能力

体育科研中的实际动手能力是一种科研实践能力，指按照研究计划与设计去亲身实践、动手操作，完成研究步骤和任务、获取研究的信息与资料的能力。体育科研是一种创造性的实践活动，大量课题的完成都同各种体育实践活动密切相关，都需要研究人员深入到体育教学、运动训练、群众锻炼等活动现场，进行观察、实验、调查，需要亲自动手去记录、测试、检验、操作仪器设备、控制实验过程、解剖动物、配制药剂等，对大量研究材料数据也需要亲自去抄写、分类、编目、检验或上机处理等。动手能力强，既能加快研究进程，培养自己的才干，又不会去依赖别人；能提高获取材料的可靠性和直接性，还能积累研究经验，改进研究方法。大量技术学科的课题、体育生物学科课题和教育实验类课题，更要求有较强的研究动手能力。必须树立实践第一的观点，在平时的学习研究中加强对动手能力的训练。

四、获取与加工信息的能力

在体育科研中，无论是提出新的问题和确定课题，还是通过研究提出新的观点、结论，都必须以搜集大量可靠的有关信息资料为前提。研究人员所获取的资料事实不全面、不详实、不准确或不可靠，都难以得出正确结论和研究成果。因此，独立获取和加工信息是科研工作者的一项基本功。它包括获取书面信息的能力，如利用检索工具搜集文献资料，阅读记录文献资料，加工处理各类信息资料，撰写文献综述等能力；从实践中获得感性材料的能力，如通过调查、访问、观察、开会、通信、听课、听广播、看比赛等途径搜集体育实践活动中各类信息的能力。有些信息资料是围绕研究课题在某一阶段集中时间去搜集加工的，更要求获取信息资料的及时性、有效性。而作为专业学习和稳定研究方向的信息内容，则需要靠平时日积月累，经过艰苦的搜集和劳动才能获取。明史专家吴晗平时积累了几万张明清史料的资料卡片；马克思为写《资本论》，曾阅读了1500多种书籍，写了100多本摘要和记录。作为体育理论、体育史方面的课题研究，更需要加强训练这类能力和平时对有关资料的积累。

五、文字表达能力

科研中的文字表达能力主要指科技写作能力。在科研中经过艰苦的探索之后，依据大量材料提炼出了新观点、新思路、新规律、新结论，都需要通过规范的书面形式完整地表达出来，形成正式的科研成果。大学生、研究生也都要写出毕业——学位论文。撰写论文是科研程序中的最终环节，既是对一个人的知识能力的综合考核，又是一个人加工整理材料和文字表达能力的体现。近十几年来，我国高考升学的导向和中学应试教育中过早的文理分科，造成理工类和体育院校中有相当多的学生语文水平、文字表达能力较差，包括体育专业的研究生中亦有同样情况，只是程度稍有不同。

科研论文本质上是“摆事实、讲道理、做结论”的文章，除专业知识水平外，必须具备语法、修辞、逻辑、论证的知识，才能将研究所得、心中所想明白准确地表达出来，为他人所知或为社会所用。近十几年来，世界各发达国家日益重视对大学生写作能力的培养，纷纷开设“科技写作”课程，并将其列为教学计划中的基础学科。美国有的大学还开设了这类专业，如科学写作专业、新闻与科学写作专业等，其主要目的在于培养理工科大学生的写作能力。在日本，青年人谋生求职时，不少单位都要考“作文”，写作能力强的人更能优先被招聘。

要训练自己的写作能力，首先，需要勤奋读书，努力增长自己的知识，向前人汲取营养。博采众长，并逐步融会贯通，到提笔时方能文如泉涌，笔走蛟龙。也正如大诗人杜甫所揭示的“读书破万卷，下笔如有神”。读书时还要结合专业与研究需要，有选择地读高质量的书。

其次，在读书时更要善于思考，琢磨作者的匠心，理解原文的精髓所在，对文章进行“解剖”、分析。了解作者的谋篇布局、体裁特色、材料取舍、论述技巧、修辞手法、层次结构及遣词造句等，善于从书中汲取营养，久而久之，就能大有提高。

此外，平时加强写作训练，从写规范的作文、论文、调查报告到写日记、诗歌、散文、简单应用文、书信等，尽可能多动笔，多写多改，反复训练，长期坚持，必能大有收获。如有条件拜访名师，及时请教在写作方面有经验的专家学者，求得针对性指导意见，能少走弯路，收到事半功倍的效果。

第三节　良好的科学道德品质

一、科学道德及其重要性

道德是一种社会意识形态，是调整人与人之间及人与社会之间关系的行为准则、规范。每一种职业都有其专门的道德规范。科学道德指科技工作者应遵循的职业道德，它反映了社会主义国家的科学道德规范，体现了人民对科技工作者的道德要求，也是历史上中外优秀的科学道德的继承与发展。

在现代科技人才成长的内在因素中，包括了德、才、学、识、体5大要素，而品德要素则是决定成才方面和社会效应好坏的重要因素。古人云：“德者，才之帅也。”一个全面发展的优秀科技人才，应是德才兼备、品学兼优的人才。德是才的统帅，是人才的灵魂。立志献身科学并愿为祖国、为人类做出贡献的科研人员，必须有良好的科学道德。一定的经济基础决定社会道德，首先，社会道德是共产主义道德，它的本质特征是全心全意为人民服务。缺乏这样的道德修养，必然会偏离成才的根本方向与目标。其次，科学研究本身就是不断探索真理、认识客观世界奥秘的艰苦劳动，在科学研究中，需要人以毕生精力去顽强攻关、流血流汗、备尝艰辛甚至献出生命；一些科学成果产生之后又往往能给人带来名利地位、物质利益等，因此在涉及科研的得失利害、特殊劳动及其价值时，必然要求有高尚的职业道德，才能确保其在科研中不计名利、不计得失，百折不挠地向科学顶峰攀登。古今中外的科学史都表明，凡一些伟大的科学家、学问家都具有高尚的科学道德品质和伟大的人格。爱因斯坦曾高度评价居里夫人的崇高道德与科学成就，强调“卓越的个人道德品质也许比单纯智力的成就更具重大意义”。而他本人也正是一位正直、谦逊、品德高尚、具有强烈社会责任感的、为各国科学家称颂的科学家。而道德品质低劣、利欲熏心，不择手段追逐私利的科研人员，在研究工作中很可能会有投机取巧行为，其成果就不可能取得真正的和高水平的造诣，即使一时有了所谓的“成就”，迟早也会为世人唾弃，身败名裂。作为一个社会的科技人才，总体上应是先进生产力的开发者、代表者，又是先进精神财富的创造者，他们的活动及成果是推动社会和历史进步的基本力量并为社会、为人民服务。因而，社会和时代必然要求和培养他们要具备高尚的科学道德品质，有才无德或缺德的人不可能成为真正的科学工作者。

二、科研人员应具备的科学道德品质

（一）热爱科学、献身科学，为人民谋福利

热爱科学，为科学奉献终身，并利用科学为人民谋利造福，为社会主义创造精神文明和物质文明，乃至为人类进步服务，这是科研人员应具备的最主要和居首位的道德品质，也是科技人才成功的根本动力。“最有成就的科学家具有狂热的热情……，只有热爱科学才能不屈不挠，百折不回。”许多中外的科学家，从小就显露出对科学的极度热爱，对许多自然现象、社会现象产生浓厚兴趣和强烈的探索欲望，并在探索道路上不畏艰辛，甚至将个人安危置之度外，以巨大的热情和献身精神去不断为人类开辟新的认识领域。在现代学校教育中，各国都特别重视开展青少年科技活动，目的在于从小引导青少年热爱科学，培养兴趣，为今后步入科学殿堂奠定基础。

热爱科学、献身科学的道德品质，根本来自科学家对社会、对人民的崇高责任感，及他们充分认识科学活动及其成果为社会造福、为人民服务的积极作用。体育科技工作者基于科研为发展我国体育事业、建设社会主义体育强国服务的目标和责

任，才可能投入巨大热情和毕生精力去研究体育。爱因斯坦毕生热爱和献身科学，竭力提倡科学成果应造福人类，抵制滥用科学成果的社会力量，再三强调科学家对保卫世界和平、争取人类幸福负有的责任。我国许多老一代科学家、体育教育家为祖国的科学事业、体育事业奋斗终身，不少人抛弃了国外优越的生活条件回到祖国，为发展体育、科技事业进行不倦的探索。可见，一个科研工作者只有将热爱科学与热爱祖国、热爱人民和为社会主义强大祖国作贡献联系起来，才可能为之奋斗终身和取得成就。

（二）崇尚与捍卫真理，不怕牺牲一切

马克思曾经说过："在科学的入口处，好比地狱的入口处一样，必须提出这样的要求：这里必须根绝一切犹豫，这里任何惰性都无济于事。"科学研究是不断探索未知世界认识真理的过程，追求真理是科研人员的崇高目标和强大动力，不少科学家为此献出了全部青春和生命而在所不惜。由于科学活动是探索未知世界的复杂劳动，在科学征途上充满了困难、失败和险阻，也常常会遇到大自然的无情报复，它要求科技工作者始终胸怀远大目标、甘冒风险、不怕牺牲、孜孜不倦、顽强苦干，具有无私无畏的可贵品质。另外，一种新的科学理论，一项新成果的出现，还常常要遭遇旧习惯势力的责难、阻挠甚至是残酷地打击或迫害，历史上许多重大科学成果的诞生往往付出了血的代价。如布鲁诺为捍卫日心说被烧死在罗马鲜花广场；伽利略被捕入狱长期监禁，在双目失明情况下完成了不朽著作《天文对话》。历史上许多科学伟人、学者为了真理、为了科学甘冒一切风险，表现出刚直不阿、百折不回、无所畏惧，不趋炎附势，为真理献身的可贵品质。

（三）严谨求实、一丝不苟、客观公正的治学作风

科学所揭示的是客观世界的本质联系和规律，它必然要经受实践和历史的检验。科学研究的客观性要求科研工作者必须具备诚实、无私、正直、公正的道德品质，严谨求实的治学作风。促使科研人员在长期探索中要专心致志、不畏艰辛、踏实苦干、尊重事实，不能有半点懈怠、粗心和投机；对自己和他人的科学成果都要进行严格检验、科学论证、客观公正判断，并富于自我批评精神。相反，如果科研人员为了个人目的、为了省力气而投机取巧，或违背事实或抹杀真相或伪造数据，必然会失败，即使暂时取得"成果"，也终会劣迹败露。在整个研究活动中，在运用各种研究方法、手段时，在组织实验、实施调查、观察测试时，都要求科研人员要有一丝不苟、严谨公正的态度。请专家咨询评价，不能只请同意自己观点或亲近

自己的人，应倾听各种不同的意见才能更为客观；在处理分析材料中既要看到集中的多数意见信息，又要认真分析少数不同的分散的信息；在调查、观察中不能先入为主，带着框框条条去搞调查和观察，而要完全尊重事实，服从实践；数据处理要维护其客观性、准确性和真实性，一是一、二是二，不能按个人“需要”“意愿”进行修改伪造。“君子慎其独也!”唯有诚实、严谨、公正，才可能走向成功!

（四）不图名利、甘于奉献的品质

有些科学家在经过长期艰辛创造之后取得了重大成果而名垂青史、流芳百世，有的人成功后受到了奖励或报酬是无可非议的，但这并不是许多科学家从事科学研究的根本目标和初衷。恰恰相反，不少科学家、科研人员毕生淡泊名利、甘于清贫寂寞、拒绝接受各种社会地位、荣誉和奖赏。发明大王爱迪生一生有一千多项发明，他的人生哲学只是为人类造福，给人类带来光明。爱因斯坦毅然放弃了竞选总统的难得机会，以追求科学、献身科学为最高目标。居里夫人将费尽了千辛万苦才提炼出的1克镭，留作造福于人类，而断然拒绝去申请专利获大笔钱。

只有具备崇高生活目标、为科学而献身的人，才能不计名利、不畏艰险、勇于探索、不断攀登，才能长期坚持奋斗，无私奉献。不计名利，必然要求有强烈的事业心、责任感，经得起风雨，不怕失败和挫折；不计名利，才能始终朝着远大科学目标去不断进取、不断尝试，以巨大热情和拼搏精神，不断去开辟新的认识领域；不计名利，才可能真正“不畏劳苦地沿着陡峭的山路攀登”，“并有希望达到光辉的顶点”。而贪图名利者则很少能为科学做出重要贡献。

（五）尊重他人的劳动成果

科学劳动的继承性特点和加速发展的趋势，说明当代任何一个科研人员的成就都有赖于前人的劳动成果并有待于后人去发展，每一项成果都浸透着前人的辛勤汗水或几代人的积累所致。贝弗里奇指出：“不利用别人得到的知识而做出新发现几乎是不可能的。如果科学家们不汇集他们的贡献，就不可能积累今天我们能得到的丰富的科学知识宝藏。”同时他也指出：“在报道研究成果时，作者对他所参考利用的前人成果及任何曾经实质上为他的研究提供过帮助的人，有责任给予应有的肯定和感谢。”这充分说明，当代的科研人员应树立高尚的科学道德观，遵守上述不成文的法规，必须充分尊重别人的劳动成果，不忘记别人提供的各种重要参考、研究基础和指导帮助。这包括在论文中清楚注明引用的别人的观点、原话或数据；在参考文献中详细列出参考、引用过的别人的研究成果（论文、书著、报告等）；在结束语中真诚地表达对自己的研究提供指导、咨询和实质帮助的人；甚至包括在学术争论中因受到别人责难启发而获得成功后，也应对别人表示尊重。这样做，正是具有高尚科学道德的表现。

（六）谦虚好学、团结协作的风格

从前人、他人为自己提供必要的研究参考基础的角度看，任何个人取得的成功总不是独自从头获得的。因而，科研人员要客观评价自己的作用，必须保持谦虚的美德。大科学家牛顿曾说过，自己的成就是站在笛卡尔等科学巨人的肩膀上取得的。科学研究具有探索性、创造性的特点，它要求科研人员永不自满、永不停顿、不断进取、不断学习新的知识技能，才能去不断开拓新的领域，攀登新的高峰。现代社会知识更新快、信息多，更要求研究人员终身去学习，不断充实自己。因而，真正的科学家、德才兼备的研究者，总是虚怀若谷、不耻下问，乐于向别人学习，博采众长，提高自己，才能向科学的深度和广度进军。而骄傲自满、自以为是的人终究不会取得什么大的成果。

此外，现代科学高度分化、高度综合和社会化的趋势，表明个人独立研究取得重大成果的难度越来越大，更要求在科研中日益加强协作研究、联合攻关，体育科研也具有这样的趋势。近几年在全国体育科技论文大会、全国体育学院教学研究论文报告会和全国体育软科学成果中获一、二等奖的多数是两人或两人以上合作研究的。有资料表明，1901—1972 年间，286 位获诺贝尔奖奖金的科学家中的 2/3（185）是与人合作进行研究的。联合研究攻关是当今“大科学”发展的必然趋势，有利于提高研究的工作效率，有利于研究者相互启发、学习，发挥个人优势并产生互补效应，有助于快出成果并提高成果的质量。在联合攻关中，必然要求研究人员发扬集体主义精神，与他人同心同德、互相学习、密切协作、主动配合，既要思想活跃、互相激励，又要豁达大度、互相帮助，造成一种生动活泼、协调和谐的气氛。这样有利于凝聚人才，发挥巨大的整体效能，在科研中更快更多地取得成果。事实上，在大的联合攻关中，整个集体都在艰辛中受到磨炼。这样的环境中，不仅个人的才华能够得到充分的展现，也会使个人的学术造诣得到新的提高和发展。有的尖端科学的学术带头人，就是在这种环境下脱颖而出的。

本章复习思考题：

体育科学研究者应具备怎样的知识与智能结构？

主要参考文献

［1］全国体育学院教材委员会．体育科研［M］．北京：人民体育出版社，1989.

［2］张颂岐等．体育科研概论［M］．武汉：湖北科技出版社，1993.

［3］体育学院函授教材委员会．体育科研方法［M］．北京：世界图书出版社，1994.

［4］周登嵩．体育科研概论［M］．北京：北京体育大学出版社，1994.

［5］郑旗，李吉慧．现代体育科学研究的理论与方法［M］．北京：人民体育出版社，2001.

［6］武云化，刘华．现代体育科学研究方法论［M］．北京：科技出版社，2004.

［7］体育学院函授教材委员会．体育科研方法［M］．北京：人民体育出版社，2004.

［8］吴岱明．科研研究方法学［M］．长沙：湖南人民出版社，1987.

［9］吴原梁．科学方法论基础［M］．北京：中国社会科学出版社，1991.

［10］杨世勇．体育科学方法论［M］．成都：成都科技大学出版社，1989.

［11］何敏学．体育科学研究方法［M］．大连：辽宁师范大学出版社，1989.